Matthew Möller
Chillt mal, ihr Streber!

Das Buch

Gerade dachten die Lehrer seiner alten Schule noch, sie seien den Problemschüler Matthew Möller endlich für immer los, da taucht er plötzlich wieder auf. Doch diesmal stört er nicht den Unterricht, sondern leitet ihn und wirbelt dabei als chaotischer Aushilfslehrer den gesamten Schulbetrieb durcheinander. Seinen neuen Kollegen gefällt das gar nicht. Schon gar nicht, wenn Klassenfahrten in der Kneipe und das Schulpraktikum im Lehrerklo enden. Zwischen Helikoptereltern, kleinkriminellen Schülern und dauergestressten Kollegen erlebt Matthew Möller den absurd-komischen Schulalltag eines echten Chaoslehrers.

Der Autor

Matthew Möller, *1992, aufgewachsen in Hamburg, studiert Lehramt in Hamburg und ist auf YouTube als MefYou der coolste Lehrer Deutschlands. Mit seinen Schulvideos, Realtalk und Sport Challenges unterhält er mehr als 650 000 Abonnenten.

Matthew Möller

Chillt mal, ihr Streber!

Ein Chaoslehrer packt aus

Plötz & Betzholz Verlag

Besuchen Sie uns im Internet:
www.ploetz-betzholz.de

Dieses Buch basiert auf wahren Erlebnissen, aber nicht alle Details sind so geschehen, wie hier beschrieben. Auch die Namen habe ich verfremdet. Wobei das vermutlich eh keiner von denen liest. Und falls doch: Gratulation an Mustafa, Digger, du hast dein erstes Buch gekauft. Oder hast du das etwa raubkopiert?

Originalausgabe im Plötz & Betzholz Verlag
1. Auflage Juni 2017
© Ullstein Buchverlage GmbH, Berlin 2017
Das Werk wurde vermittelt von Studio71 GmbH
Redaktion: Käthe Lachmann
Umschlaggestaltung: zero-media.net, München
Titelabbildung: © FinePic®, München
Layout: Kristin Blöcker
Satz: L42 AG, Berlin
Gesetzt aus der Libra Serif Modern
Druck und Bindearbeiten: CPI books GmbH, Leck
ISBN 978-3-96017-005-1

Inhalt

Vorwort

Hey Leute, was geht ab? Cool, dass Ihr dieses Buch in den Händen haltet! Ich möchte hier nämlich ein paar meiner verrücktesten Schulerlebnisse mit euch teilen. Ich war zwar nie ein Vorzeigeschüler und auch später absolut kein Musterlehrer, verbinde aber mit meiner Schulzeit einige meiner schönsten und heftigsten Erinnerungen. Ich glaube ja, man wird Lehrer, weil man das Gefühl hat, die Schulzeit noch nicht so ganz abgeschlossen zu haben, und man Bock hat, damit weiterzumachen. So ging es mir auf jeden Fall.

Auch wenn ich sehr viel Mist gebaut habe und selten mal was glattlief, hab ich immer noch irgendwie die Kurve gekriegt. Vielleicht merkt ihr ja beim Lesen, dass es euch schon ähnlich ging, und ich möchte euch Mut machen: Versucht, nicht alles so ernst zu nehmen! Gebt nicht auf, seht nach vorne, egal, wie krass die Situation ist, in die ihr euch manövriert habt – es kann besser werden. Schaut mich an! Ich denke, unterm Strich hab ich – trotz einiger Umwege – alles richtig gemacht. Also, viel Spaß beim Lesen!

Mein Schulweg

Ich fasse es immer noch nicht: Ich hab mein Abi geschafft! Wie unnormal geil! Klar war ich immer der Coolste auf der Schule, aber das fanden nur meine Mitschüler, die Lehrer waren da anderer Meinung. Viele von denen fanden mich einfach nur asi und hätten es am liebsten gehabt, wenn ich von der Schule geflogen wäre. Aber trotzdem bin ich richtig gerne in die Schule gegangen. Wegen der Pausen. Und wegen der Mädchen, klar. Und wegen meiner Freunde. Und es gab ja auch ein paar stabile Lehrer.

Nur lernen hat mir nie wirklich Spaß gemacht und meine Noten waren krass unterirdisch. Natürlich musste ich mein Zeugnis zu Hause immer zeigen und von meiner Mutter unterschreiben lassen, aber weil ich keinen Stress mit ihr wollte, habe ich oft mein Zeugnis gefälscht. Ich bin immer besser geworden. Also, ich hab die einigermaßen guten Noten ausgeschnitten, über die richtig schlechten geklebt und das dann immer wieder kopiert, bis es richtig echt aussah. Mein DIY-Tipp für euch!

Es wär nämlich voll keine Option gewesen, ihr die Zeugnisse einfach nicht zu zeigen, es hätte ja jemand aus der Schule anrufen und meine Mutter fragen können, ob sie mein Zeugnis gesehen hat. Und außerdem musste sie ja eh unterschreiben. Wichtig war natürlich, dass ich mir nicht plötzlich lauter Einsen reinkopiert habe, klar Leute, oder? Hallo, dass ich nicht der krasse

Streber war, wusste sie natürlich trotzdem. Aber immerhin mal 'ne Drei oder 'ne Vier …

Irgendwann hab ich kapiert, dass Schule wichtig ist. Nämlich dann, als es für mich nach der Zehnten nicht weitergehen sollte. Ich hätte dann eine heftig schlechte mittlere Reife gehabt, und nur Taxifahren reichte mir nicht. Hey, nichts gegen Taxis – ich finde einfach diese Zahnsteinfarbe, die Taxis immer haben, mega uncool.

Also habe ich mich mal krass zusammengerissen, und mit der Hilfe von den paar Lehrern, die mir wohlgesonnen waren, konnte ich die Zehnte dann doch noch mal wiederholen. Da hab ich richtig Gas gegeben, war jeden Tag im Unterricht und hab dann – tataa – sogar mein Abi geschafft! Ich muss dazusagen, dass ich richtig dafür gekämpft hab. Es hing mehr oder weniger an einer Lehrerin, die musste ich überzeugen, dass ich kämpfen kann und das auch will. Und, yessss, ich hab's ihr bewiesen! Sogar ohne Backpack-Action. Äh, sorry, aber isso! Dabei war sie eigentlich ganz hot.

Während der Schulzeit habe ich mit Kindern in einer Kulturinitiative gejobbt, weil ich Kohle gebraucht hab. Da habe ich mit den Kids Fußball gespielt und anderen Sport gemacht oder was gebaut mit denen. Nein, keine Joints, dafür waren die zu jung … Aber, hey, ich hab gemerkt, dass mir die Beschäftigung mit Kindern heftig viel Spaß macht. Und so habe ich dann angefangen, auch in einem Jugendzentrum zu jobben. Es war echt entspannt und die Kinder und Jugendlichen mochten mich, weil ich selbst auch noch viel Mist gebaut hab und so.

So war es eigentlich nur normal, dass ich, als ich gehört habe, dass auf meiner Schule, auf der ich Abi gemacht habe, Leute für Neigungskurse gesucht werden, sofort zugesagt habe. Neigungskurse, das sind so 'ne Art AGs, wie Theater-AG und Fußball-AG oder auch »Vertrauenskurse«, die nicht in die Noten einfließen, sondern es geht nur darum rauszukriegen, was einem Spaß macht. Tja, und so habe ich dann allmählich die Arbeit im Jugendzentrum und in der Kulturinitiative gelassen und wurde langsam Lehrer.

Endlich wieder in der Schule!

Ich glaub's ja selbst nicht, aber ich bin ohne Scheiß jetzt Lehrer! Also fast, aber das wird schon noch. Als ich heute Morgen in die Schule gekommen bin, in »meine« Schule, da hat das Wort »meine« plötzlich 'ne vollkommen andere Bedeutung gehabt! Weil ich, MefYou-Babyboy, nämlich plötzlich auf der anderen Seite sitze! Also, stehe. Nein, ich bin nicht der Hausmeister, ich bin Lehrer! So krass. Ja, genau an der Schule, an der ich mein Abi hingekriegt hab. Manche nennen sie eine »Problemschule«, ich würde sie höchstens »Kein-Problem«-Schule nennen, weil man da auf so coole Leute wie mich trifft, mit denen man gechillt eine gute Zeit haben kann.

Also, ich komm da rein völlig entspannt – hab mir

zur Feier des Tages sogar ein sehr gechilltes Jackett über mein Hoodie geworfen – und laufe erst mal Anatol über den Weg. Anatol ist mit mir eingeschult worden, aber er ist so oft sitzen geblieben, er ist immer noch auf der Schule.

Anatol so: »Mensch, Digga, musst du doch noch mal 'ne Runde drehn? Ich dachte, du hast es geschafft!« Ich hab nicht übers Herz gebracht zu sagen: »Für dich bin ich Herr Möller«, obwohl die Kids natürlich eigentlich ihre Lehrer nicht duzen, ich bin ja jetzt eigentlich 'ne Autorität (wer das Wort nicht kennt, googeln, es ist wichtig, dass man auch Fremdwörter kennt). Ich hab nur gesagt, dass ich da jetzt arbeite, und wenn er in meine Klasse kommt, dann kann ich vielleicht was für ihn machen, dass er es auch schafft, das Abi. Schließlich sitze ich ja jetzt an der Quelle für die Klausuren und so. Und er jobbt bei Mediamarkt in der Computerspielabteilung. Da kann man bestimmt ins Geschäft kommen.

Ich war viel zu früh und hab mich dann wie früher im Treppenhaus ganz oben aufs Geländer gesetzt und meine Mails gecheckt. Da kommt so ein Anzugträger, den ich noch nie gesehen habe, und macht mich an: »Sofort runter vom Geländer, Junge! Und wieso bist du nicht in deiner Klasse?« Hallo, dachte ich, der weiß wohl nicht, wer ich bin!

Hab ich ihm dann aber gesagt: »Matthew Möller, Sport und diverse Neigungskurse. Ist heute mein erster Tag. Und ich hab gleich noch 'nen Termin mit dem

Rektor, in einer Viertelstunde.« Er ist ganz rot geworden, hat nur was von »Typisch, Sport und Neigungskurse!« gemurmelt und hat sich dann vorgestellt. Also, Leute, Herrn Egerling, Geschichte und Mathe, muss ich mir merken. Keine Ahnung, was für einen Spitznamen die Schüler dem wohl geben … Ekelding wär cool, oder Engerling. Mann, Leute, kennt Ihr schon wieder nicht? Googeln! Ist nicht schwer, sich zu merken, ist so 'ne dicke Made …

Gleich darauf treff ich Frau Schelling, und sie so: »Mensch, Herr Möller, was machen Sie denn hier?« Ich musste echt grinsen. »Arbeiten!« Und sie so: »Oh, tatsächlich? Ich dachte, das wäre ein Witz von Herrn Bock. Na dann: Herzlich willkommen im Team!« Sie klang immer noch so, als würde sie's nicht richtig glauben.

Ich also dann korrekt pünktlich zu Herrn Bock, der kannte mich natürlich auch noch. Er laberte was von »Verantwortung und große Chance« und dass er sich freut, dass ich meinen Weg mache, dass ich mich aber auch anstrengen muss und er mir helfen will, dass ich das alles packe. Fand ich irgendwie cool, aber er sah dabei nicht wirklich gechillt aus. Bei Herrn Bock hatte ich schon früher das Gefühl, dass er eigentlich ganz easy drauf ist, aber denkt, er müsste auf dicke Hose machen, nur weil er Schulleiter ist. Er meinte dann auch, es wär besser, wenn ich bei solchen Terminen wie mit ihm oder nachher vor der Klasse nicht Kaugummi kauen und ständig auf mein Handy gucken würde. Er sagte sogar, ich soll's besser ausmachen. Hab ihm dann aber erklärt, dass ich gerade mitbiete bei Ebay auf 'ne krasscoole Soundmachine für mein Auto und dass die Auktion in wenigen Minuten ausläuft und ich kurz vor Schluss »Bäm!« da zuschlagen muss. Er hat mich ein bisschen angeguckt wie damals, als ich mit ein paar Freunden – ach, das erzähl ich euch später. Auf jeden Fall war er nicht so happy. Egal, ich find's jedenfalls alles erst mal cool und freu mich!

Prost!

Wie unnormal heftig das war, mit allen Lehrern zusammen im Lehrerzimmer an einem Tisch zu sitzen! Auch mit denen, die mich immer für einen Asi hielten und gesagt haben, ich werde es zu nichts bringen. Es fühlte sich extrem nice an.

Ich wollte meinen Kollegen, auch den doofen, eine Freude machen und hab extra für meinen Einstand in der Schule drei Flaschen Aldi-Champagner mitgebracht und Plastikbecher. Dachte ich, macht man so.

Als dann in der großen Pause fast alle im Lehrerzimmer waren, hab ich 'ne Buddel geköpft und gleich mal 'ne Runde eingeschenkt.

Und ich so: »Ich will meinen Einstand feiern, weil ich hier heute anfange!« Und alle so: »Wieso »anfange«? Du hast hier doch nie richtig aufgehört!« Und: »Mal sehen, wie lange du das durchziehst!«

Voll asi und ungechillt, die Kollegen! Keiner wollte was mit mir trinken! Ich hab erst gedacht, vielleicht trinken die nicht so'n Mädchenkram und Wodka wäre vielleicht besser angekommen, aber das war nicht das Problem. Die wollten keinen Alkohol trinken, weil sie bei der Arbeit waren und es morgens war! Ich kann das echt nicht glauben, es war immerhin schon nach zehn! Wie kann man so unentspannt sein?

Und eine Frau, voll die Öko-Tussi in selbst gestricktem Kleid, Frau Elser, die hat dann noch irgendwas gelabert, von wegen Plastikbecher findet sie uncool und so. O.k., vielleicht hätte ich Sektgläser mitbringen sollen, aber hätte dann jemand was getrunken? Ich meine, richtig einen reinlöten hätten wir uns sowieso nicht gekonnt, mit drei Flaschen. Oder vielleicht sind die Kollegen alle Alkoholiker und die dürfen gar nichts trinken? Weil die dann sofort abhängig sind ... Keine Ahnung, ich fand's jedenfalls voll Lauch. Und dann kommt die Frau Elser noch an und meint, mir Ratschläge geben zu müssen: »Ihre Klasse scheint nur so brav zu sein. Da sind ganz schöne Chaoten dabei!« Und dann guckt sie so, als ob sie mir gerade mitgeteilt hätte, dass meine Klasse die Atombombe hat.

Und dann erzählt sie mir, dass da schon öfter jemand aus der Klasse ein Papier neben den Papierkorb geworfen hat und einfach weitergegangen ist. Höchststrafe! Und dass einer immer die Kapuze von seinem Hoodie im Unterricht auflässt. Ey, ich fasse es nicht! Was ist denn daran schlimm? Mache ich doch auch, und nicht nur, wenn ich nasse Haare hab! Und das mit dem Papier, das kann ja wohl mal passieren! Wie oft passiert mir das, dass ich mein Altpapier aus Versehen in den Restmüll schmeiße! Oder sogar aus Faulheit! Aber da hat mir auch jemand erzählt, dass das gut ist, weil Müll gar nicht so gut brennt. Da hilft es sogar, wenn Papier im Restmüll ist!

Die, die schon früher ganz okay zu mir waren, haben dann wenigstens mit Selters mit mir angestoßen. Musste ich die Flasche Schampus eben alleine leeren. Das gute Zeug wollte ich ja nicht einfach wegschütten. Aber das fanden sie auch nicht in Ordnung. Herr Bock hat gesagt, ich hab frei für den Rest vom Tag. Hatte ich doch sowieso! Ich hatte nur drei Stunden! Mann, manchmal sind die Leute aber auch echt verspannt …

Erste Stunde

Ich konnte echt nix dafür, echt. Ich musste so lachen, als ich in die Klasse kam, weil ich in dem Klassenzimmer schon so viel Mist gebaut habe. Die haben echt den Schrank da noch stehen, in den ich mit meinem Kumpel damals den doofen Kevin eingesperrt haben. »Halstuch-Kevin« hieß der nur bei uns, weil der immer so ein schickes Tuch um den Hals trug, voll peinlich. Der hielt sich für was Besseres und wollte uns nicht abschreiben lassen, echt uncool, er war der Checker und wir waren nur Lauch für den. Wir haben natürlich draußen was vor die Schranktür gestellt, und sein Halstuch haben wir ihm als Knebel in den Mund gesteckt.

Natürlich ist mir klar, dass man das nicht macht, aber er war so ein Asi und voll nicht auf unserer Seite, der musste mal 'ne Stunde im Schrank verbringen. Dann hat er natürlich gewinselt und gestöhnt wie ein Känguru in den Wehen, deshalb hat mein Kumpel Sören immer so getan, als wär er das und hätte so Kopfschmerzen! Unsere Lehrerin hatte voll Mitleid und hat immer wieder gesagt, er soll nach Hause gehen und sich hinlegen, sie wollte seine Eltern anrufen, damit sie ihn abholen, und Sören wollte nicht gehen, weil er ja immer Kevins Geräusche übertönen musste, weil er genau vor dem Schrank saß. Und ich musste mich heftig beherrschen, damit ich nicht durchlache die ganze Stunde. Er sagte immer: »Nein, ich möchte hierbleiben, das ist doch alles Stoff, der in der Arbeit drankommen kann, ich will nicht fehlen«; und unsere Lehrerin war fast verzweifelt, weil er so gestöhnt hat und aber nicht gehen wollte! Alle, die wussten, dass Kevin da im Schrank ist, mussten sich total zusammenreißen.

Und jetzt komme ich in die Klasse und sehe genau den Schrank! Als Erstes bin ich mal hingegangen und hab die Türen aufgemacht und geguckt, ob da jemand drin ist. Echt mein Rat an alle Lehrer und Rektoren: Stellt keine Schränke in Klassenzimmer! Stellt nur Regale rein!

Die Kinder waren erst ziemlich gelangweilt, haben mich aber doch abgecheckt, und als sie gemerkt haben, dass ich mehr so der relaxte Typ bin, so mit Füßen auf dem Pult und so, waren sie auch ganz cool. Ich hatte keinen Bock auf irgendwelche Kennenlern-Spiele und hab gesagt, dass ich sie erst mal nur mit »Du da« anspreche. Das war o.k., das kannten sie so von zu Hause.

Ich hab'n bisschen erzählt, dass ich die Schule kenne und welche Lehrer ich asi finde und so, und das war echt extrem gechillt. Natürlich hab ich auch die Schrank-Story erzählt. Mit Lehrplan und so haben wir uns nicht aufgehalten, man muss ja nicht gleich total krass einsteigen, finde ich.

Dann haben mir die Kinder ein paar Videos auf YouTube gezeigt, die fand ich echt nice. Damit hatte ich mich noch nie so richtig beschäftigt. Komisch, in meiner Schulzeit hatten wir das damals gar nicht so mit ständig aufs Handy glotzen und so. Wir waren immer draußen unterwegs, mit Kollegen. Meine Schüler holen ihr Handy ständig raus und gucken drauf und spielen was und so. Mir egal, können sie ruhig. Also, entspannte erste Stunde, alles stabil.

Prügelei fürs Leben

Nachdem meine erste Stunde so entspannt war, wollte ich heute gerade mit meinem Vertrauenskurs anfangen, da brüllt ein Mädchen: »Herr Möller, Herr Möller, draußen prügeln sich zwei!« Meine Güte, dachte ich, die soll sich mal nicht so anstellen. Hatte ich natürlich schon gesehen, auf dem Weg in die Klasse haben sich zwei auf dem Flur gebeult. Na und? Ich voll keine Ahnung, dass die in meiner Klasse sind, so gut kenne ich die ja noch gar nicht. »Und was hab ich damit zu tun?«, hab ich sie gefragt. Dann waren aber plötzlich alle mega aufgeregt und haben gerufen: »Das sind Kerim und Mustafa!« »Ja und?«, hab ich gefragt, und erklärt: »Ihr müsst wissen, dass man sich da nicht einmischen darf, gerade als Erwachsener nicht. Das geht nur die beiden etwas an. Wenn ich mich da einmische, geht das voll gegen deren Ehre! So etwas tragen echte Männer untereinander aus!«

Das Mädchen meinte aber, sie hätte voll Angst um die beiden, denn das seien die stärksten zwei in der Klasse, wobei Mustafa noch etwas stärker sei als Kerim. Gleich riefen zwei Jungs, Kerim sei viel stärker als Mustafa. Und sofort waren alle total aufgeregt und haben durcheinandergebrüllt: »Nein! Mustafa ist stärker! Er kann sogar ein Auto hochheben!« »Ja, ein Spielzeugauto vielleicht, aber Kerim kann sogar einen Lkw hochheben!« »Ja, vielleicht mit einem Wagenheber, du Lauch!«

Und dann hatte ich eine Idee! Ich habe also Wetten auf die beiden angenommen, so richtig mit Wetteinsatz und natürlich mit Provision für mich. Dann sind wir alle rausgegangen und haben die beiden angefeuert. Ich meine, es ist doch mega, wenn die Kinder das richtige Leben mitkriegen, so lernen sie wenigstens auch den äußerst wichtigen Beruf des Sportwetters kennen!

Vielleicht haben wir heute in der Stunde den Grundstein für den Traumberuf von einem der Kinder gelegt! Wahnsinn!

Das habe ich auch Frau Elser gesagt, die gleich aus ihrem Klassenzimmer nebenan gestürmt kam. »Was ist denn hier los? Wieso der Tumult?«, hat sie gefragt mit ihrem selbst gebatikten Gesichtsausdruck. »Tumult«, so ein schönes Wort, echt nice, das wird viel zu selten gebraucht. Sie bat uns dann wieder reinzugehen, weil wir ihren Unterricht stören würden. Und den von anderen Klassen. War o.k., weil Kerim sowieso gewonnen hatte und Mustafa nicht mehr konnte. Er hatte voll das Nasenbluten, Respekt, Digga, er trug das wie ein Mann. Logen!

Und dann hat Frau Elser mir noch einen Tipp gegeben: »Wenn die Kinder weiterhin so laut sind, probieren Sie es doch mal mit dem Schweigefuchs! Öhrchen gespitzt, Mäulchen geschlossen!« und sie hat mit der Hand etwas ganz komisches gemacht, Ring-, Mittelfinger und Daumen nach vorne zu einer Spitze gestreckt und Zeige- und kleinen Finger nach oben. Die Arme. Irgendwas ist mit ihr, sie tut mir irgendwie leid. Aber ich muss mich jetzt vor allem erst mal um meine Kids in der Klasse kümmern.

Tag des ~~Buches~~ Videos

Kerim trägt immer noch das T-Shirt mit den Blutflecken. Scheint für ihn so 'ne Art Trophäe zu sein. Oder er hat die Flecken einfach nicht rausgekriegt, keine Ahnung. Egal, heute war jedenfalls »Tag des Buches«, irgend so 'ne seltsame Erfindung, wahrscheinlich der Buchbranche, und ich hatte den Kindern gesagt, sie sollten heute ihr Lieblingsbuch mitbringen. Und daraufhin hatten sie gesagt, dann sollte ich meins auch mitbringen. »Selbstverständlich!«, ließ ich sie wissen und hab es dann natürlich prompt vergessen.

Es war eine lange Nacht gewesen, Party mit Hendrix und anderen Freunden und ich war, wie es leider ab und zu vorkam, etwas später in der Schule. Leider erwischte mich Herr Bock auf dem Schulparkplatz. »Herr Möller! Haben Sie nicht schon seit fünfzehn Minuten Unterricht?« »Äh ja, tut mir echt leid, mein Wecker ist Schrott, ich muss den mal ersetzen …« »Herr Möller, bitte, strapazieren Sie nicht meine Geduld! Kommen Sie ab jetzt bitte pünktlich!« »Klaro, sorry, kein Problem, alles easy …« Ich frage mich, was er um diese Zeit auf dem Schulparkplatz gesucht hat? Müsste er nicht auch schon längst in seiner Klasse sein?

Ich hechtete in die Klasse, wo sich die Kids gerade die neuesten YouTube-Videos zeigten. Irgendwelche Typen laberten lustiges Zeug und machten zum Teil heftige Pranks und Selbstversuche. »Ey, den kenn ich! Das is'n guter Kumpel von mir!«, sagte ich, als Ahmad mir ein Prank vorspielte, das über eine Mio. Views hatte. »Waaas?« »Echt?« »Verarschen Sie uns, Herr Möller?« »Wie krass ist das denn?« Die Kinder waren außer sich. »Ja, ich kenne ihn! Ich wusste nur nicht, dass der in seiner Freizeit Leute pranked. Also, schon, aber dass der das auch filmt und so …«

»Das glaube ich Ihnen nicht!« und »Können Sie das beweisen?« und lauter so Sachen riefen die Kids durcheinander. »Na klar«, sagte ich, »Ich rufe ihn einfach mal an!« Ich stellte auf Facetime, drückte bei seinem Kontakt auf »anrufen« und meldete mich: »Ey Apo, hier ist MefYou! Hier sind ein paar Fans, die dich grüßen wollen!« Er winkte und ließ ein freundliches »Alles fresh, Digga?«hören. »Wie krass, isch bin Fan!«, »Kommst du auch mal in unsere Schule?«, »Hey, kennst du Herr Möller wirklich?«, riefen die Kinder in mein Handy.

Er machte etwas Spaß mit den Kids, meinte dann aber, er hat einen Termin und wir sehen uns. Jetzt fanden die Schüler mich noch cooler als sowieso schon. »Wie krass, Herr Möller!« »Herr Möller«, rief Serpil, »machen Sie auch YouTube?« »Nein, noch nicht«, antwortete ich. Aber es war eine richtig gute Idee …

Wir hatten noch zehn Minuten für den Tag des Buches. Eigentlich zu wenig Zeit, um damit überhaupt anzufangen, aber Deborah packte stolz einen Kindle auf den Tisch und rief: »Heute ist doch Tag vom Buch, also, hier, da hab isch krass viele Bücher drauf!«

»Wow, ist das dein Kindle, Deborah?«, hab ich gefragt. »Ja, hab isch mir selbst gekauft!« »Echt? Krass!« Das Kind musste reiche Eltern haben. »Woher hast du das Geld?«, fragte nun auch Saida. »Isch verkaufe manschmal Sachen und so, aber das geht dich nichts an!« »Wo denn?«, fragte Kathleen. »Bei Ebay und so, aber ist doch egal!« Deborah wurde es langsam etwas unangenehm. »Drogen verkaufst du! Haschgift und so!«, platzte es aus Mustafa heraus.

Interessant. Das war tatsächlich eine wichtige Info für mich, das brauchte aber niemand zu wissen: »Kinder, lasst Deborah mal in Ruhe! Toll, dass du ein Buch, oder eher ganz viele Bücher mitgebracht hast! Welche denn?« Sie schien mega dankbar zu sein, dass ich das Thema gewechselt hatte. »Schweiß nich. Mal gucken.« Es dauerte ewig, bis sie das Gerät anhatte. »Also, hier steht: Markwis de Sade …« Zum Glück läutete in dem Moment der Pausengong. »Wir machen nächstes Mal weiter! Und dann bringt Ihr bitte alle etwas mit, was ihr schon gelesen habt oder noch lesen möchtet!«

Chris

Heute war ich fast pünktlich, Herr Bock hätte nichts zu meckern gehabt. Aber ich hab das Gefühl, dass Herr Bock, dieser Herr Egerling und Frau Elser nicht die Einzigen sind, die nicht mit mir können. Gut, von einigen weiß ich das ja sowieso schon von früher, etwa

Herr Claussen und Frau Czinczoll. Beide mit C, ob das was zu bedeuten hat? Nee, eigentlich nicht, schließlich gibt's auch eine supernette Kollegin, das ist Chris. Chris Herbst. Sie ist schon lange an der Schule und will da was verändern, hat sie mir erzählt. Und dass sie an die Kids glaubt. Was sie genau damit meint, will sie mir ein anderes Mal erzählen. Sie ist die Einzige, die ich duze. Na ja, mit den anderen kommt das bestimmt auch noch.

Jedenfalls kam ich heute gut gelaunt ins Lehrerzimmer (hatte mir von meinen Kids die neuesten Moves und Tags beibringen lassen) und es war total laut, alle haben durcheinander gelabert. Da habe ich erst mal den Flüsterfuchs gemacht und Chris musste total lachen und hat sich mir dann mit Vornamen vorgestellt und wir haben ein bisschen gequatscht. Sie ist echt 'ne Hübsche, aber nicht so girls-mäßig, sondern richtig erwachsen und kumpelmäßig, sie hat's echt drauf und ich glaube, mit ihr werde ich gut klarkommen.

Die Kollegen waren alle mega aufgeregt wegen 'ner Ansage von The Bock himself. Unsere Schule macht mit bei so 'ner Aktion »Umwelt besser machen« oder so. Also, Umwelt im Sinne von dem, was um uns herum ist. Nicht unbedingt nur Umwelt, so mit Müll trennen und mal mit dem Fahrrad fahren, auch irgendwie anders so mit Mitmenschen und so. »Soziales Engagement«. Ich habe mich immer schon sozial engagiert. Andere zum Lachen gebracht, Girls glücklich gemacht (jedenfalls kurz) und Gras an Leute vercheckt, die nicht wussten, wie sie sonst an welches kommen sollten.

In irgendwelche Heime wollten die. Ich hab gleich gesagt, ich will nichts im Obdachlosenheim machen, da kriegen mich keine zehn Pferde hin, basteln mit Obdachlosen oder so, no way. Schließlich war ich selbst mal 'ne Weile obdachlos, als ich zu Hause rausgeflogen bin, das war echt nicht so cool und daran will ich mich nicht erinnern. Sich das Zimmer mit 'nem Wildfremden teilen, immer kontrolliert werden, ob du auch zur verabredeten Zeit wieder da bist – echt Lauch. Außerdem hatte ich da niemanden zum Sprechen oder so, die hatten alle ihre Cliquen, nur ich gehörte nirgends dazu. Zum Glück hatte ich meine Freunde, mit denen ich tagsüber immer zusammen war. Ich bin da nur zum Pennen hingefahren. Dazu kam, dass das Heim total weit weg war von der Schule und ich immer zwei Stunden hin und zwei Stunden zurück musste. Gut, es ist vorbei und wie gesagt, ich engagiere mich gern, aber eben nicht in so einem Heim.

Eine wollte mit ihrer Klasse ins Altersheim, den Leuten dort Geschichten vorlesen. Das war Frau Severin, die konnte mich noch nie leiden. Die hat mich so angegrinst und gesagt: »Wir gehen ins Heim!« Ich hab gesagt, ich hab ein paar Geschichten für sie, die kann sie von mir aus vorlesen. Aus der Men's Health: »Waschbrettbauch in sieben Tagen« und »Welches Eiweiß für welche Muskeln« und »Langsam kommen leicht gemacht«. Kann sie von mir aus vorlesen, bitte, hab ich ihr gesagt. Aber ich geh garantiert nicht ins Altersheim. Chris meinte dann, wir können ja was zu-

sammen machen, finde ich cool. Was das wird, überlegen wir noch. Wir haben jedenfalls schon mal Handynummern ausgetauscht.

Neue Regeln

Vor meiner ersten Sportstunde hat Chris mir gesimst,
dass sie mir viel Spaß wünscht. Voll nett! Ich musste zuerst irgendwelche Regeln vorlesen, darum hatte
Herr Bock mich gebeten, das muss jeder Sportlehrer.
Ich fing also an: »1. Schüler haben sich rechtzeitig im
Sportunterricht einzufinden. Nach dem Sportunterricht
haben sie ohne Verzögerung umgehend die Turnhalle
zu verlassen und das Hauptgebäude für ihre nach-
folgenden Stunden aufzusuchen. 2. Schüler, die aus
gesundheitlichen Gründen nicht am Sportunterricht
teilnehmen können, haben das im Vorfeld durch eine
Entschuldigung ihrer Eltern oder ein ärztliches Attest
im Schulsekretariat anzukündigen und haben dennoch
dem Sportunterricht als Zuschauer beizuwohnen. In
Ausnahmefällen kann nach Absprache mit dem jewei-
ligen Sportlehrer von einem Unterrichtsbesuch abgesehen werden … « Boah, war das lame und was für
ein krasser Kasernenton! So wollte ich keinen Sportunterricht machen. Sport war doch cool, er sollte Spaß
machen! Ich wollte mit den Kindern Fußball spielen
und Volleyball und Basketball, nicht die Zeit mit Regeln verschwenden. Außerdem war es mir wirklich

total Hans, wer in den Unterricht kam und wer nicht. Wenn niemand da war, konnte ich auch nach Hause, das war ja nicht das Schlechteste …

O.k., ich hatte also keinen Bock auf diese kaputten Regeln. Ich machte meine eigenen. Grinsend tat ich so, als würde ich weiter vorlesen, ich meine, Leute, so gut mussten mich die Kinder doch inzwischen schon kennen: »Also: 3. Wer seine Turnsachen vergisst, darf von allen anderen verprügelt werden! Und jetzt Schluss mit Regeln, ich hole kurz die Bälle und dann wärmen wir uns paarweise auf, okay, Bros?«

Es dauerte ein bisschen, bis ich die Bälle fand, ein oberkorrekter Kollege hatte sie erst in ein Netz und dann in einen Ballwagen getan und den dann gaaaanz hinten ins Materiallager gefahren, wo garantiert nie jemand je einen Ball brauchen wird. Ich hätte die Bälle in der Nähe der Turnhalle gelassen – crazy, oder? O.k., ich kam also irgendwann mit den Bällen zurück, da hörte ich lautes Geschrei aus »meiner« Halle. Die Kinder droschen heftig auf den armen Ali ein, bis auf ein paar Jungs, die ihn retten wollten. »Hey, seid ihr vollkommen übergeschnappt, ihr Spacken? Lasst den Jungen in Ruhe!« Ich schnappte mir die schlimmsten Schläger, Kerim und Mustafa, und drückte sie an die Wand. »Was ist los mit euch, ihr Vollidioten?«, brüllte ich. »Ali hat seine Turnsachen vergessen!«, röchelte Mustafa. »Ja und?« »Jetzt dürfen wir ihn verprügeln, haben Sie gesagt!« O Mann. Diese Kinder müssen noch viel über Ironie lernen! Ich musste jedenfalls heftig lachen und habe die Kids dann darüber aufgeklärt, dass das natürlich nicht ernst gemeint war.

Ein paar Tage später sollte ich dann noch eine weitere Klasse im Sportunterricht übernehmen, weil eine andere Sportlehrerin in Mutterschutz ging. War für mich o.k., kein Problem, alles geschmeidig. Ich wusste, dass die Kinder gerne in meinen Sportunterricht kamen. Sie fanden es toll, dass ich bei allem mitmachte und nicht wie die meisten anderen Sportlehrer immer nur lame am Rand rumstand. Hey, Leute, ich hab mich richtig korrekt mit ins Getümmel geworfen und hab oft Ballspiele mit den Kids gemacht, das war nice.

Allerdings war da ein Junge aus der »neuen« Klasse, der sich total weigerte, in meinen Unterricht zu kommen. Hat mich gewundert, klar, aber letztendlich mache ich da keinen Riesenaufstand, einige Kinder wären froh gewesen, wenn sie zu mir gekonnt hätten, dieser Junge nicht. Selbst schuld, der Asi, dachte ich. Bis Chris mir den Grund erzählte: Der Junge wollte nicht in meinen Sportunterricht, weil er gehört hatte, dass man bei mir verprügelt wurde, wenn man seine Sportsachen vergaß! Hahaha, krass, Leute! Was ein kleiner Witz so auslösen kann ...

Der Streik

Weil ich mit den Kindern richtig gut klarkam und weil wir immer mehr Lehrermangel an der Schule hatten, auch weil einige Lehrerinnen in den Mutterschaftsurlaub gingen, habe ich mit der Zeit auch »normalen« Unterricht übernommen, z. B. Mathe. Ich war immer einigermaßen okay in Mathe gewesen und wenn ich was nicht konnte, gab's doch immer ein zwei, Schüler, die wussten, was Sache war. Aber die meisten Schüler fanden Mathe richtig ätzend. Kann ich gut verstehen, ging mir voll ähnlich mit ziemlich vielen anderen Fächern.

Einmal kam ich etwas verspätet in meine Klasse zum Unterricht und es war niemand da. Na ja, nicht ganz. Saida saß auf ihrem Platz und hat irgendwas geschrieben. Ich hab sie gefragt, was los ist und ob sie weiß, was mit den anderen ist. Sie hat mich nur groß angeguckt und den Kopf geschüttelt. Wir haben ein paar Minuten gewartet, dann hab ich gesagt, sie kann auch gehen. Ich bin dann zum Schwarzen Brett und hab gesehen: Der Vertretungsplan wurde geändert. Irgendwie hatten die Chaoten aus meiner Klasse es hingekriegt, dass plötzlich an der Stelle, wo für sie mein Matheunterricht stehen sollte, jetzt zwei Freistunden eingetragen waren, und da, wo am nächsten Tag eigentlich frei war, standen zwei Mathestunden, da war aber meine Theater-AG. Da hatten die Kinder wohl bei diesem schönen Wetter was Besseres vor.

Als ich die Kinder dann beim nächsten Mal gesehen hab, hab ich sie erst mal nach ihren Hausaufgaben gefragt, für die sie ja nun noch ein paar Tage mehr Zeit gehabt haben. Ich hab einen Rotstift in die Hand genommen und gesagt, die zählen ja zu den mündlichen Noten, die Hausaufgaben. War mir eigentlich voll egal, aber ich wollte sie ein bisschen schocken. Nur Saida hatte ihre Aufgaben, natürlich. Ich hab dann gesagt: »Cooler Prank, neulich, Kinder! Respekt! Ich fand's krass geil, dass ich eineinhalb Stunden frei hatte. Und extrem chillig, dass ihr auch mal was wagt. Gut, wahrscheinlich habt ihr gedacht, bei Herrn Möller können wir das locker machen, der geht schon nicht zum Bock, äh, zu Herrn Bock und verpetzt uns. Ich will euch echt Mut machen: Bringt das öfter! Seid nicht so angepasste Kids, die keinen eigenen Willen mehr haben, sondern nur das tun, was »man macht«! Und selbst wenn Ihr damit mal auf die Schnauze fallt, dann tragt die Konsequenzen. Aber es ist mega korrekt, nicht immer korrekt zu sein. Oder was sagst du, Saida?« Saida war ganz still geworden und lief allmählich rot an. Es war ihr heftig peinlich, als Vollstreberin dazustehen.

Aber dann riefen Serpil und Deborah ganz aufgeregt: »Saida kam zu spät. Sie hatte ihr Handy aus und wir konnten ihr nicht sagen, was geht! Sie ist krass unschuldig!« Da musste ich fett grinsen. Echt 'ne coole Truppe, meine Klasse!

Krasser großer Bruder

Klar konnte ich nicht nur machen, was ich wollte. Ich musste den Kindern schon auch etwas beibringen und das war ja nicht so mega schwierig, weil es noch nicht allzu lange her war, dass ich selbst zur Schule gegangen bin. Manchmal hab ich auch einfach Freunde gefragt, ob sie mal Lust haben, den Kindern etwas beizubringen. Aber meistens wollten mir meine Freunde nur zugucken, wenn ich unterrichtet hab, die waren nämlich selbst zu faul dafür, sich was für die Schule auszudenken.

Es gab in meiner Klasse natürlich auch krasse Chaoten, allen voran Kerim. Der war schon zweimal sitzen geblieben und hatte absolut keinen Bock auf Schule. Irgendwie hat der meinen Ehrgeiz geweckt. Ich wollte ihm ein bisschen von meiner Philosophie mitgeben und hab versucht, ihm klarzumachen, dass er sich jetzt nicht mega stressen muss und auch nicht der Allerbeste sein muss, aber dass es nicht das Schlechteste ist, wenn man einigermaßen klarkommt. Er war laut und hat Mädchen mit Papierkügelchen beworfen während des Unterrichts, ständig Furzgeräusche gemacht, wenn sich jemand gebückt hat, hatte nie irgendwelche Hausaufgaben und hat sich gern geprügelt, auch während der Stunde. Es war ziemlich anstrengend mit ihm und ja, Leute, nennt mich einen Streber, aber ich wollte, dass er checkt, dass man zwar Scheiß bauen kann, aber trotzdem nicht der uncoolste Nullblicker sein muss. Ich hab dann so eine Art »Großer Bruder«-Verhältnis zu den Typen wie Kerim aufgebaut, indem ich ihnen von meinen Pranks während der Schulzeit erzählt hab. Das fanden die natürlich obercool. »Wenn ihr im Unterricht mitmacht, erzähle ich euch in den Pausen, was ich alles so gebracht hab in meiner Schulzeit«, hab ich ihnen erklärt. Und sie sind auf meinen Deal eingegangen. Jedenfalls meistens. Klar, manchmal hatte ich auch selbst keinen Bock, irgendwas zu erzählen. War ja irgendwo auch anstrengend und ich wollte die Pausen auch nutzen, um was zu rauchen oder so.

Der Elternabend

Weil ich mich ja eher als großer Bruder und auf der Seite der Kids fühlte, hatte ich wenig Bock auf meinen ersten Elternabend. Aber zum Glück hatte ich den mit Chris zusammen und nicht mit Frau Elser oder Frau Czinczoll. Und zum doppelten Glück hatte Chris eine Wagenpanne und rief mich kurz vorher an, dass sie später kommt. So konnte ich nämlich die Eltern gechillt in den »Kiosk bei Eko« umlenken, meine Stammkneipe direkt neben der Schule, Chris hätte das bestimmt uncool gefunden und mir ein schlechtes Gewissen gemacht. Sie scheint ja manchmal schon etwas korrekter als ich zu sein. Ich fand's erst mal Bombe, so einen entspannten Elternabend zu haben: Meine Vorstellung bei den Eltern bei 'nem Fässchen Bier! Waren natürlich nur acht Eltern gekommen, die anderen haben's vergessen, wussten es nicht oder konnten die Einladung nicht lesen. Der Vater von Shannon kam schon gehasselhofft an, voll auf Autopilot, aber pünktlich. Respekt! Er hat sich dann erst mal ein Herrengedeck bestellt, damit sein Pegel nicht abfällt. Wer nicht weiß, was das ist: Googeln!

Er glaubt, seine Tochter ist hochbegabt. Voll stolz ist er auf sie, krass. Wo sie doch eine der Schlechtesten ist. Aber gut, geht mich ja nichts an. Die Mutter von Mustafa hat gesagt, sie findet meinen Style zu lasch. Dann habe ich der mal erzählt, was an so 'ner Schule los ist, womit ich jeden Tag zu kämpfen habe: mit Lügen, Faulheit, Gewalt und Drogen. Und bei den Schülern sieht's sogar noch schlimmer aus! Ich soll mehr Strafarbeiten geben, sagte sie daraufhin. Da hab ich nur gelacht. Haha, Strafarbeiten! Auf welchem Planeten lebt die eigentlich? Ohne Geldstrafe geht ja bei denen gar nichts! Das hab ich natürlich nicht gesagt, aber gedacht hab ich, ja, eigentlich könnten die auch mal mein Auto waschen, ist ja auch 'ne Strafarbeit. Gute Idee! »O.k., mehr Strafarbeiten!«, hab ich gesagt und aufgeschrieben. Das war gerade, als Chris reinkam. Die hat mich ganz glücklich angeguckt, weil sie wohl das Gefühl hatte, ich werde ein bisschen strenger mit den Kids. Aber sie wollte, dass der Wirt die Musik leiser macht. Fanden wir, glaub ich, alle Scheiße. Lief doch Drake die ganze Zeit, Killer!

Es ging dann wieder um soziales Engagement. Unser Projekt. Jede Klasse soll sich ja ein Projekt aussuchen, um das Leben in unserer Stadt schöner zu machen. Chris hat vorgeschlagen, dass die ganze Klasse das Viertel um unsere Schule aufräumt. Müll wegmacht und so. Ich fand's voll abtörnend und hab gesagt, die könnten doch einfach statt Bäumen Mülleimer aufstellen, dann wird auch nicht so viel einfach auf den Weg geschmissen. »Und DANN können wir von mir aus das Viertel aufräumen. Und die Eltern können mithelfen.«

Ach, dann ging das los: »Ich muss arbeiten, seid ihr denn nicht genug mit den ganzen Schülern, ich hab noch zwei kleine Kinder, ich habe drei kleine Kinder« – ich wollte schon fragen: »Wer bietet mehr?« und »Habt ihr noch andere Hobbies?« Ich hab dann aber Chris gesagt, o.k., können wir machen, die Aufräumerei. Einfach, damit Ruhe ist. Zum Glück war das Bier billig und so waren wir schnell weg von diesen lamen Themen.

Ahmads Vater, Besitzer einer Autowerkstatt, machte sich Sorgen um die Noten seines Sohnes, ich machte mir Sorgen um den Zustand meines Autos, ich wollte damit ja noch mal durch den TÜV. Wir waren uns so schnell einig, Herr Aytekin und ich: Ich schraube an Ahmads Noten, sein Vater schraubt an meinem Auto – klassische Win-win-Situation. So hat sich also das langweilige Geschwafel davor auch gelohnt. Nach anderthalb Stunden sind dann auch alle gegangen.

Das Ein-Personen-Stück

Ein paar Tage nach meiner Feuertaufe beim Eltern-abend kam die nächste Aktion, bei der ich mal zeigen konnte, was ich als Lehrer draufhabe. Herr Bock hatte einige Kollegen wegen der Aktion: »Theater macht Schule – Schule macht Theater« angesprochen, aber niemand von den anderen hatte Bock (witzig! wie unser Rektor!), 'ne Theater-AG zu leiten. Aber man kriegt da mehr Gehalt! Und ich bin ja zuständig für Neigungs-kurse! Also klar mache ich das. Irgendwas kriege ich bestimmt mit den Kids zustande, dachte ich. Ich mei-ne – hallo!? Das soll ja schließlich erst an Weihnachten aufgeführt werden.

Finde ich cool! Dann mache ich ein Nickerchen und passe zwischendurch auf, dass sie sich nicht tot-schlagen, und kriege noch mal ein paar hundert Euro-nen mehr im Monat, dachte ich mir so. Da sagt Chris zu mir, ich muss Herrn Bock vorher schon sagen, welches Stück wir proben und an welchem Wochentag und was wir brauchen an Requisiten und so. Meine Güte, immer diese Bürokratie-Kacke! Warum kann man nicht ein-fach was nachspielen?

Star Wars, »Das Erwachen der Macht«, hatte ich gedacht. Und das wollte ich filmen und auf YouTube stellen. Wobei das vielleicht auch zu aufwendig ist. Lieber was mit weniger Requisite. Aber ich hatte echt keinen Bock auf so was »Sozialkritisches«. Ich hab dann 'nen Termin gemacht und ans Schwarze Brett geschrieben: Mittwochnachmittag um 15.00 Uhr Theater-AG. Falls sich keiner meldet, brauch ich mir keinen Kopp zu machen, und wenn welche kommen, kann ich die fragen, was sie machen wollen, dachte ich mir.

Kam nur Ahmad. Na, dann spielen wir eben ein Ein-Personen-Stück. Ist für mich schon entspannter, hab ich mir überlegt. Mir geht es ja in erster Linie mal darum, eineinhalb Stunden irgendwie umzukriegen.

Er wollte »Faust« spielen. Da werden zwar die anderen denken, das ist ein Boxkampf, aber egal, dann kommen wenigstens Zuschauer. Puh, das musste ich selbst in der Schule lesen, ist ewig her. Ich gucke mal, ob das auch verfilmt wurde, und wenn nicht, lese ich mir die Zusammenfassung auf Wikipedia durch. Und Ahmad soll mir nächstes Mal sagen, wie er sich das vorstellt, so war zumindest mein Plan.

Er hat aber gleich losgelegt: »Habe nun ach, Philosophie, Juristerei und Medizin und leider auch Theologie durchaus studiert, mit heißem Bemüh'n …« Da hab' ich ihn unterbrochen. Natürlich kenne ich den Monolog, habe mich aber immer gefragt, warum er »leider auch Theologie« studiert hat, ich mein, Faust ist doch selbst schuld, wenn er den Hals nicht voll kriegen kann. Als ich Ahmad gefragt hab, wer denn die anderen Rollen spielen soll, hat er Augen gemacht. Welche anderen Rollen? Und dann hat er gesagt, er kann alle Rolle spielen. Na, das wird ja ein Spaß. Vielleicht frage ich doch mal noch ein paar andere. Zum Beispiel

Shannon als Gretchen und Kerim als Teufel. Ich gebe ihnen eine schlechte Note in Sport, wenn sie nicht mitmachen, und drohe, dass ich die Hilfestellung beim Stufenbarren loslasse, wenn sie gerade oben sind. Das müsste helfen.

Die Theater-AG

Shannon ist vom Stufenbarren gefallen. Ist aber nicht schlimm, nur ein paar blaue Flecken. Und sie will jetzt plötzlich bei der Theater-AG mitmachen. Kerim hat sich sogar auch freiwillig gemeldet.

Aber jetzt wollen sie lieber nicht mehr den Faust spielen, sondern alle wollen Superhelden sein. Ich hab gesagt, wer nicht einmal die hohe Wende vom Stufenbarren schafft, kann doch keinen Superhelden spielen! Aber sie haben darauf bestanden. Shannon will Pippi Langstrumpf sein, Kerim Mr. Spock und Ahmad Batman. Davon abgesehen, dass Ahmad der einzige Superheld wäre, wie sollen die denn alle zusammen in einem Stück vorkommen? Das muss ich schreiben, haben sie gesagt.

»Nee, nee, ich glaub, es hackt. Ihr denkt euch mal schön selbst eine Handlung aus!« Sie wollen die Handlung vom »Faust« beibehalten, aber eben alles als Superhelden spielen. Na ja, als ihre Art Superhelden eben. Ich hab vorgeschlagen, dass wir dann lieber komplett Pippi Langstrumpf spielen, mit Ahmad als Pferd und

Kerim als Tommi und Annika. Da gingen dann schon wieder Diskussionen los. Dann hat Ahmad gesagt, wir sollen einen ganz normalen Schultag spielen, so mit Prügelei und Drogen verchecken, Mädchen verarschen und alle mit Handy im Unterricht und so. Das fand Shannon wieder doof. Ich muss mir was überlegen für nächstes Mal. Vielleicht »Stirb langsam« mit mir als Bruce Willis!?

Geht's noch?

Neulich, in der Pause, wollte ich gerade rübergehen zur Turnhalle und hab darüber nachgedacht, was man wohl so in der Theater-AG bringen könnte, ohne dass es für mich unentspannt wird, da hat mir einer der kleinen Asis ein Bein gestellt und ich hab mich richtig langgemacht. Hallo? Ich mag die Kinder echt gern, ich bin auf ihrer Seite, aber ich hatte keinen Plan, was das sollte! Also, ich hab mir heftig das Knie geprellt und konnte erst mal kein Fußball mehr spielen, meine ganzen Sachen sind runtergefallen, ich hab mir meine Cola über die Hose gekippt und alles. Aber ich hab sofort gecheckt, wer von den Vollidioten das war, er hieß Dragan und ging in die Parallelklasse. Keine Ahnung, was ihn da geritten hat.

Ich hab ihn mir also geschnappt und ihn gegen die Wand gedrückt: »Was sollte das, du Spacken?«, hab ich ihn gefragt. Ich schwör, ich hab ihm nichts weiter getan, ihn nur ein bisschen an die Wand gedrückt, damit er nicht weglaufen kann. »Lehrer sind Scheiße!«, hat er mich wissen lassen. O.k., für viele keine ganz neue Erkenntnis, aber ich hatte ihn doch noch nie im Unterricht! Außerdem: «Das kann man so allgemein nicht sagen. Wo ist dein Problem, Bro?« Inzwischen hatten einige Mädchen meine Sachen eingesammelt und riefen ganz aufgeregt: »Wir haben gesehen, wie er Ihnen ein Bein gestellt hat, Herr Möller! Geht es Ihnen gut?« Ich hab Dragan dann losgelassen und er ist weggerannt. Komisch. Ich erinnerte mich dann daran, dass ich ihm kürzlich erst ein Riesenkompliment gemacht hatte, als ich ihn Fußballspielen gesehen hab. Wieso stellt der mir ein Bein?

Ich bin dann in die Sporthalle gehumpelt und hab zum ersten Mal nicht beim Sport mitgemacht. Leider gab's dann noch ein krass übles Nachspiel. Ich musste zu Herrn Bock, weil ich einen Schüler »tätlich angegriffen« hatte! Ich dachte, ich kotz im Strahl! Was für ein Asi! Zum Glück hatte ich die Mädchen als Zeuginnen, dass er mir zuerst ein Bein gestellt hatte.

»Ich kann Sie auf eine gewisse Weise verstehen«, sagte mir Herr Bock in seinem Büro und klang dabei, als meinte er es wirklich so, »aber dennoch müssen Sie in Ihrer Position als Lehrkraft besonnen bleiben!« Ich saß ihm gegenüber, konnte da aber nicht still auf meinem Stuhl sitzen bleiben, sondern sprang immer wieder auf. »Besonnen am Arsch! Wenn ich eine derartige Kieferbremse hinlege, was sollte ich denn machen? Ich hätte mir davon sonst was holen können!«, erwiderte ich nur mäßig besonnen.

»Bitte, Herr Möller! Der Vater des Jungen hat sich beschwert. Sie dürfen in Ihrer Position nicht handgreiflich werden!« Ich war krass am Schnauben, das könnt Ihr mir glauben, Leute! »Bin ich auch nicht, ich wollte nur nicht, dass er abhaut!« Er seufzte: »Leider hat er sich bereits an den Schulsenat gewandt und ich muss Sie für einige Tage beurlauben, bis sich alles geklärt hat.« »Was? Was für ein asoziales Ar …«, ich konnte mich gerade noch bremsen und sagte nur: »Was für ein schlimmer Mensch!«

Richtig geladen ging ich aus dem Rektoratsbüro und lief ausgerechnet in Dragan. Er hatte dort wohl auf mich gewartet. »Es tut mir leid!«, sagte er, »Ich hatte so einen Scheißtag. Ich hab 'ne Sechs in Mathe zurück gekriegt, obwohl ich einiges richtig hatte. Ich wusste, mein Vater bringt mich um! Ich hab doch nichts gegen Sie, Herr Möller, Sie waren nur gerade in meinem Weg, echt sorry und so.« »Kannst du deinem Vater nicht sagen, dass es dir leid tut und alles?« »Hab schon gemacht, ehrlich! Is ihm egal. Ich rede jetzt noch mit dem Bock … Echt, es tut mir voll leid!«

Na ja, hatte ich eben ein paar Tage Hang Loose. Das Ende der Geschichte war, dass Dragan auf eine andere Schule gewechselt ist. Warum, weiß niemand so genau, also ob er das wollte oder sein Vater oder wer. Ich hab dann jedenfalls wieder korrekten Unterricht gemacht. Ja, da gab es echt ein paar Chaoten an der Schule.

Hilfe

Mit den Chaoten hat Chris anscheinend auch heftige Probleme. Ich war in der Mittagspause was essen mit ihr. Sie hat mir erzählt, dass ihr der Unterricht zwar echt Spaß macht, dass sie aber auch viel mit Baldrian arbeitet und überlegt, sich noch was Stärkeres verschreiben zu lassen, weil sie oft nicht so gechillt ist, wie sie's gerne wäre.

Sie meinte, manche Schüler wären nur laut und manche kämen immer zu spät und fast niemand macht seine Hausaufgaben und so, obwohl sie das Gefühl hat, dass die Kinder sie schon akzeptieren. Ich hab gesagt, sie soll einfach wie ich mega gechillt in den Unterricht gehen. Ich hab ihr wertvolle Tipps gegeben: »Immer entspannt. Und mit Sonnenbrille auf einfach mal 'ne Viertelstunde zu spät kommen und den Kids sagen, sie sollen sich mal selbst beschäftigen, aber nicht zu laut, du hättest 'ne harte Nacht hinter dir und so …« Wir haben echt gut geredet, und ich glaube, sie konnte 'ne Menge damit anfangen. Irgendwie ist sie ja schon ziemlich süß.

Als wir das nächste Mal zusammen gegessen haben, sah sie schon viel relaxter aus. Sie hat mich angestrahlt und erzählt: »Ey yo, du hattest recht! Ich musste mich einfach von meinen starren Vorstellungen einer engagierten, ja, ich möchte fast sagen, überengagierten Vorzeigelehrkraft verabschieden.« Puh, das war heftiger Shit, was konnte da noch kommen, fragte ich mich.

»Also, ich komme jetzt regelmäßig zu spät. Allerdings immer nur so drei, fünf Minuten, mehr traue ich mich nicht.« »Is'n Anfang, cool, Chris!«, ermunterte ich sie. »Ja, und dann habe ich letzte Woche zwei Filme mit den Kindern geguckt! Einen in Geschichte über das römische Reich und einen in Bio über Fische! So viele Filme gucken wir sonst nie!« »Okay … krass …« »Und außerdem dürfen die Kinder jetzt in meinem Unterricht essen und trinken, es ist mir egal!« »Normal, bei mir auch! Mache ich doch auch! Auch Alkohol?« Jetzt guckte sie mich irritiert an. »Äh, nein, das ist dann der nächste Schritt …« Ich musste lachen: »Hey, das war doch nur ein Scherz! Alkohol trinken die bei mir auch nicht! Jedenfalls nicht während des Unterrichts … Und sonst noch?« »Ja, das sind die drei Sachen, die ich bisher verändert habe, und ich muss sagen, ich glaube, die Kinder respektieren mich jetzt schon viel mehr!«

Ich hab versucht, das nicht so klingen zu lassen, als würde ich daran zweifeln. Sie ist schließlich auf einem echt stabilen Weg: »Cool, Chris. Weiter so!« Ich mag sie echt gern. Mir hat sie den Rat gegeben, mal mehr Sachen zu machen, die die Kollegen gut finden. Damit ich mich besser integriere. Ist mir eigentlich egal, aber mal gucken.

Kuchen für Geld

Weil wir eine Klassenreise planen, wollen wir Kuchen verkaufen. Also, nicht, dass ich das möchte, aber die anderen Klassen machen das auch und wenn mich die Kollegen schon so kacke finden, versuche ich, mich da mal anzupassen.

Ja, echt jetzt, Chris hat recht, man kann sich auch anpassen. Kuchenverkauf finde ich jetzt auch nicht so asi, weil ich Kuchen ja auch mag. Cornflakes wären zwar geiler gewesen, ich steh so auf Cornflakes. Aber dann haste den ganzen Kram mit Milch, Teller und jeder zweite Honk lässt dann immer so 'nen Minirest drin. Ganz im Ernst, warum? Außerdem hat sich die übertrieben heiße Mutter von Saida angemeldet, dass sie einen Kuchen backen will und ihn dann auch ver- kauft. Sie ist mindestens Miss Universe und eine ab- solute Milf! Hey, Leute, nicht was ihr denkt, o.k., sie hat eine Wahnsinnsfigur, aber ihr Gesicht erst mal … So riesige, dunkelbraune Augen und einen Mund wie so ganz pralle, glatte, glänzende Kirschen und ein Lächeln – mich lächeln viele Frauen an, ich geb's zu, aber ihr Lächeln ist Hammer!!! Und so eine ganz zarte Haut hat sie, auch wenn sie schon um die vierzig ist, so fein und glatt – ich bin absolut nicht verknallt in sie, aber etwas verzaubert vielleicht. Ein kleines bisschen.

Sie hat astreine Titten, nicht zu groß und nicht zu klein, und ihr Hintern … Sorry, Leute. Ich schätze ei- gentlich hauptsächlich ihre Intelligenz! Und dass sie so süß ist. Und echt heiß. Aber auch extremst witzig und überunkompliziert! Und sie hat kleine Füße. Ich stehe total auf kleine Füße. Sie dürfen auch groß sein, aber sie hat eben kleine Füße und eigentlich mag ich kleine Füße lieber, aber ich habe nichts gegen größere Füße, wenn der Rest stimmt. Außer, es sind so Riesenlatschen. Solche Füße, denen selbst meine Schuhe zu klein sind. Das bei einer Frau – mag ich überhaupt nicht. Aber bei Frau Mansour, also bei Saidas Mutter, stimmt einfach ALLES. Sogar ihr Mann. Ich schwör, sie hat einen super Typen als Mann. Korrekter Typ, echt stabil. Durchtrainiert und korrekt gekleidet, witzig und locker.

Hab die beiden beim Elternabend kennengelernt, krass korrekter Typ. Leider. Etwas zu alt für sie vielleicht, sie ist eher so ein jugendlicher Typ, so wie ich, und das wird ihr vielleicht bald ein bisschen langweilig mit dem alten Herrn. Ich schätze, sie macht auch gern Party und tanzt gerne und mag Sailor Moon – das werde ich sie fragen, wenn wir dann zusammen Kuchen verkaufen. Denn ich verkaufe natürlich auch Kuchen! Mit ihr zusammen. Es geht doch um eine gute Sache! Serpils Mutter verkauft auch, und Shannons. Aber egal. Ich denke mal, ich mache das mit Saidas Mutter. Und ich werde sie dabei filmen! Bäm!

Süße Dinger

Die Kinder wollten auch Kuchen verkaufen. Unbedingt! Sie haben dafür sogar ihre große Pause geopfert. Gut, das haben wir Lehrer ja auch gemacht, ist ja völlig o.k. Saida wollte unbedingt mit ihrer Mutter zusammen verkaufen. Ich hab ihr gesagt, dass die Jungs das bestimmt mega uncool finden. Also, ich fände das uncool, so als Typ. Sie ist doch kein Baby mehr, hab ich gesagt. Also hab ich mit ihrer Ma verkauft.

Ich hab gemerkt, dass da was geht zwischen Frau Mansour und mir. Wie sie mich angelächelt hat – ich hatte plötzlich Herzstillstand oder so. Sie hat geduftet wie eine Mischung aus Chicken Wings und Kirscheis. Voll lecker! Nein, Leute, nicht nach ranzigem Fett, sondern knusprig, lecker, eben zum Anbeißen. Und unheimlich süß ... Und sie hatte gebacken, unfassbar lecker! Nicht diese Scheiß-Muffins, die Mütter seit ein paar Jahren ständig backen und überallhin mitbringen, weil »das ist so ungeheuer praktisch!«. Nein, sie hatte richtig nice kleine Cupcakes gemacht, ich hätte mich reinlegen können!

Nein, Spaß, aber die waren so ultralecker, da gab es welche mit so einer Nutella-Creme, die waren der Oberhammer, und wahnsinnig leckere mit Blaubeeren und so einer Sahnecreme und – der Knaller, absoluter Wahnsinn – waren die mit Karamell und Salz! Digger, zieh's dir mal rein, mit Salz hat sie gearbeitet, bei süßen Cupcakes! Was für eine Frau ... Ich kam echt voll nicht zum Verkaufen, weil ich probieren musste, ohne Ende. Und sie hat mich angelächelt und sich mega gefreut, dass mir das alles so schmeckt. Sie hatte echt viel gebacken und hat dann auch noch die Kuchen von den anderen Müttern verkauft, wir waren der krass heftigste Verkaufsstand! Bei uns war wahnsinnig viel los und ich konnte kaum helfen, weil ich ja ständig essen musste und dazwischen die Menschenmassen filmen und bei YouTube hochladen. Sie wollte sich nicht filmen lassen, aber die Vibes zwischen ihr und mir, ey, das war fast nicht auszuhalten, ich schwör!

Sie hat voll komisch geguckt, als Chris kam und mich kurz umarmt hat, weil sie sich so gefreut hat über unseren Erfolg. Schließlich war bei uns krass am allermeisten los. Aber Frau Mansour war, glaub ich, echt voll eifersüchtig. Ich wollte ihr das erklären mit Chris, dass wir Kumpel sind und nicht mehr, ich meine, hallo, wir sind Kollegen! Aber ich hatte keine Gelegenheit, mit ihr zu sprechen. Ich hatte die ganze Zeit den Mund voll. Scheiße, ich fürchte, Chris hat sie echt verjagt oder so, sie muss schwer angepisst gewesen sein, weil, als irgendwann ihr Mann kam und sie abgeholt hat mit ihren ganzen Dosen und Schachteln, da hat sie mir noch eine kleine Dose mit ein paar Cupcakes in die Hand gedrückt und gesagt: »Das ist für Sie und Ihre Freundin!«

Ich meine, deutlicher kann man wohl nicht werden! Sie wollte mir signalisieren, dass sie weiß, dass ich vergeben bin, und dass sie deshalb nichts machen wird! Sie will sich zurückhalten, wegen Chris! Aber ich bin

ja gar nicht vergeben, shit. Wie soll ich ihr das klarmachen? Oh, Mann, ich wette, ich kann heute Nacht nicht
schlafen …

Kleine Spanner, große Spanner

Natürlich konnte ich schlafen. Ich hatte sogar einen
sehr schönen Traum. Ratet mal, von wem! Gut gelaunt
kam ich um die Ecke und hörte schon von Weitem zwei
Schüler von mir aufgeregt miteinander reden. Irgendwie hatten Mustafa und Ali es anscheinend geschafft,
eine kleine Kamera unauffällig in der Mädchenumklei-
de zu installieren. Sie standen vor dem Klassenzimmer
rum und freuten sich an ihren Aufnahmen. »Guck mal,
voll der krasse BH!« »Boah, für Serpils Titten könnte
ich sterben!«

»Na, die Herren? Unterrichtsvorbereitungen?«
Die Jungen zuckten krass zusammen. »Zeigt mal her.«
Nicht, dass mich halbnackte Dreizehnjährige interessie-
ren würden, aber die Aufnahmen waren so schlecht, ich
dachte, ich fall vom Glauben ab. »Serpils Brüste hast
du aber nicht auf dieser Kamera gesehen? Ey Leute, das
ist grob fahrlässig, was ihr da gemacht hat. Man erkennt
ja rein gar nichts! Es ist verschwommener als ein Ultra-
schall von meinem Darm, meine Lieben. Also richtig
scheiße! Könnt ihr das nicht besser, oder was?« Ich
seufzte und hatte eine Idee, die auch ein bisschen mit

Saidas Mutter zu tun hatte. »Ich zeige euch mal, wie man das korrekt macht. Heute Abend ist in der Turnhalle ja Volleyball von einigen Lehrerinnen und Müttern. Wir bringen da nachher mal die Kamera richtig an. Und morgen überprüfe ich dann die Aufnahmen …«

Ich hab später vor den Augen von Mustafa und Ali in der Turnhalle, genauer gesagt, in der Frauenumkleide, dann die Kamera so angebracht, dass kein Klebeband vor der Linse war und der Winkel perfekt auf den gesamten Innenraum ausgerichtet war und man sie trotzdem nicht sehen konnte. »So macht man das. Und jetzt habt ihr frei! Wir sehen uns morgen.«

Am nächsten Morgen war ich ausnahmsweise mal richtig früh in der Schule. Also, in der Turnhalle. Ich hab die Kamera abgemacht und, Leute, Ihr glaubt's nicht! Die Aufnahmen waren mega! Wie krass: Gerade Saidas Mutter hatte ihren Platz direkt vor der Kamera! Leider hat sie sich beim Anziehen vom Sport-BH umgedreht, aber ihr Rücken ist auch sehr nice. Voll heftig, die Frau! Und nachher, als sie den Sport-BH wieder auszog, um duschen zu gehen … zu heftig, Bro. Zu heftig. Ich hab mir den Film überspielt und geschnitten. Und natürlich von der Kamera gelöscht. Den Jungs hab ich gesagt, dass die Kamera uncool ist, dass man nichts sieht und dass ich echt enttäuscht bin von dem Device. Außerdem sollen sie lieber üben, dass sie mal wirklich ein Girl abkriegen, dann können sie sich das im Original angucken und müssen nicht mehr spannen.

Also: Sich benehmen und freundlich sein!

Straßenfeger

Ich dachte, das war nur so ein Gelaber. Aber nein, das war ernst gemeint: Montag war der Tag. Alle Klassen haben irgendwas gemacht zum Thema »Soziales Engagement«. Frau Severin ging mit ihrer Klasse ins Heim, zwar nicht zu den Obdachlosen, sondern ins Altersheim, dort haben sie Geschichten vorgelesen und gesungen. Die armen alten Leute! Herr Claussen hat ein Schul-Umwelt-Projekt gemacht, so von wegen, wo können wir in der Schule Energie sparen und weniger Müll produzieren und so, und wir, wir haben rund um die Schule aufgeräumt.

O.k., Eltern waren, bis auf Saidas Vater, keine da. Hätte ich mir denken können, dass das so ein netter Typ ist, der sich denkt: Wenn meine Frau schon Kuchen verkauft, engagiere ich mich beim Aufräumen. Ober-nice. Shit. »Wo ist denn Ihre Frau?«, hab ich ihn gefragt und er hat gesagt, sie musste arbeiten, er konnte sich einen halben Tag freinehmen. Das ist wohl echt so ein Traummann für eine Frau. Der sie zur Arbeit gehen lässt und dann für sie Müll wegräumt!

O.k., Leute, das war eine echt heftige Aktion. Was die Leute alles wegschmeißen! Wir haben krass viel gefunden, vom Kondom bis zum Bobbycar praktisch alles. Circle of Life, sozusagen. Fahrradteile, Unmengen an Plastiktüten und alten Zeitungen, Autoreifen und Mützen, Handschuhe, Schals und Pullis, einen BH, alte Eimer und ein totes Eichhörnchen, aber das haben wir natürlich liegen lassen. Es war ekelhaft. Und das war nur die erste halbe Stunde!

Es war mega schattig und wir haben dann erst mal eine Pause gemacht, ich hab alle im »Kiosk bei Eko« zum Wodka-O eingeladen, »wegen der Vitamine. Ich will ja nicht, dass jemand krank wird in der Kälte da draußen«. Chris und Herr Mansour haben weitergemacht, aber, hey, ich bin der Lehrer, die Kids sind natürlich mit mir gegangen. Die Mädchen wollten lieber Erdbeer-Lime, typisch. Ich hab den Schülern dann gesagt, wer von den Eltern Geld mitbekommen hat für ein Pausenbrötchen, soll das mir geben, schließlich haben wir keine große Pause, wenn wir Müll suchen, und den Wodka-O und den Erdbeer-Lime muss ja auch jemand bezahlen. Und wenn die Eltern fragen, können sie ja schlecht sagen, sie haben sich Wodka gekauft, schließlich sind sie noch minderjährig und das darf höchstens ich. Alkohol kaufen. Haben sie irgendwie verstanden.

Mustafa kam mit seinem Getränk überhaupt nicht klar, er musste mega husten und lief ganz rot an. Die Mädchen haben ihn angeguckt, als wäre er der totale Loser, haha. Voll der Lauch! Nur Nurgül schien er total leid zu tun.

Ich hab die Kinder dann weggeschickt, weitermachen mit Chris und Herrn Mansour, weil ich in Ruhe noch was trinken wollte. Die hatten mich ja eh nur vollgelabert: »Wieso hängt da ein BH im Baum, wo kommt der her?« »Warum schmeißt jemand seine Reifen einfach weg, die sahen doch noch gut aus?« »Woran ist das

Eichhörnchen gestorben, voll süüüüß, Herr Möller, ist das auch wirklich tot, wir sollten es zum Tierarzt bringen …« Das war mir zu heftig. So anstrengend hatte ich mir das vorher nicht vorgestellt.

Irgendwie war Chris anscheinend sauer mit mir. Sie hatten tatsächlich krasse vierunddreißig Müllsäcke vollgemacht und Chris hat mir vorgeworfen, ich hätte mich zu schnell verdrückt. Fand sie voll asi von mir, dass ich nur ganz kurz mitgemacht hätte. Sie hat mich vor den Kids heftig zur Sau gemacht. Vor den Kids! »Ja, war uncool von mir. Sorry.« Hab ich zu ihr gesagt. Vor den Kids. »Ich meine, wenn man Scheiße gebaut hat, muss man das auch eingestehen und sich entschuldigen.

Das ist manchmal mega heftig, wenn man das machen muss, und, ey, Leute, es fällt mir voll nicht leicht, aber ich finde, Chris hat recht: Das war 'ne arschige Nummer von mir. Aber: Sehr gut, dass ich das einsehe und mich bei Chris entschuldige. Das muss man auch können. Auch wenn es wirklich nicht einfach ist. Das ist groß, Kinder, sehr groß von mir. Merkt euch das!« Herr Mansour war schon weggegangen, Chris folgte ihm und die Kids blieben aber bei mir, weil sie wohl wussten, dass sie gerade eine große Lehrstunde in Sachen Ehrlichkeit und Einsicht und so bekamen, da fiel mir ein, was ich noch sagen wollte: »Hey, einer von euch hat für sein Getränk noch nicht bezahlt!« Chris war noch ziemlich sauer, da war ich mir sicher.

Blitzgeburt

Irgendwie schon cool, dass nicht überall mehr Müll rumlag, stellte ich fest, als ich auf den Schulparkplatz fuhr. Aber abgesehen davon war heute wieder so ein Tag, bei dem ich dachte, wieso immer ich? Wieso muss mir immer das Heftigste passieren?

O.k., ich kam also in die Schule, erste Stunde, war fast pünktlich da. Ich weiß auch nicht, wieso, vielleicht weil ich sowieso nicht so gut pennen konnte wegen Vollmond oder so. Ich komme also in meiner Klasse an, es waren schon ein paar Kinder da und die haben irgendwas gespielt, vor allem die Mädchen haben gekichert und irgendwie eine Puppe oder so dabeigehabt. Dachte ich zuerst, jedenfalls.

Und dann habe ich gesagt, wir schreiben heute mal auf, welches unser Lieblingsfußballverein ist. Und jeder, der über den HSV schreibt, kriegt 'ne Eins, weil ich ja selbst schon mal beim HSV gespielt habe. Ja, echt jetzt, ein halbes Jahr war ich da, nach TSV Wandsbek und Verbandsliga beim SV Bramfeld, so mit fünfzehn, sechzehn. Aber irgendwie gab's nur leere Versprechungen beim HSV und dann hab ich das wieder gelassen. Also, jeder hat ja einen Lieblingsfußballverein, sogar die Girls. Wenn auch nur wegen der heißen Fußballer, ist mir aber egal. Sie wollten aber nicht schreiben, und Shannon hatte plötzlich ein Baby auf dem Schoß. Und ich sag so: »Wann warst denn du schwanger, Shannon? Hab ich gar nicht mitgekriegt!« Und alle voll am Lachen und so. Und Shannon sagte: »Nein, Herr Möller, das ist die Schwester von Mario. Leila. Ist sie nicht voll süß?« Und alle Mädchen so: »Jaaaa, heftig süß! Echt soooo niedlich!«, wie Mädchen eben so sind. Ich hab gedacht, mir fällt nichts mehr ein.

»O.k., aber was macht sie hier?« Mario hat mich mit ganz großen Augen angeguckt und hat gesagt: »Meine Mutter muss arbeiten. Sie hat gesagt, isch muss aufpassen auf meine Schwester. Sie hat jetzt immer Frühschicht.« »Und dein Vater?«, wollte ich wissen. »Der wohnt bei seiner Schlampe, sagt meine Mutter.« Gut, ich kenne natürlich diese Probleme auch ein bisschen, mein Vater ist ja auch ausgezogen, als ich noch ein Kind war, aber ich bin dann in den Hort gegangen. Aber vielleicht kann man als so kleines Baby noch nicht in den Hort? »Sie hat so geschrien, ich wusste nicht, was ich machen sollte, deshalb hab ich sie mit-genommen!«

Die Kinder waren alle vollkommen hingerissen von dem Baby und haben ihm rundum das Fläschchen gegeben. Sogar die Jungs. Die härtesten Kerle wollten die Kleine füttern. Das sah vielleicht aus, Kerim, ganz in Schwarz und muskelbepackt und dann ein Baby auf dem Arm. Respekt! Es war irgendwie süß. Ich hab dann gesagt, dass es gut war, dass Mario seine Schwester mitgebracht hat, weil wir uns so alle um sie kümmern konnten und er damit nicht alleine war. Sie war ganz ruhig und ist dann auch bald eingeschlafen. In meinen Armen! Ich bin zwar selbst MefYou-Babyboy, aber ich wär glaub ich auch ein ganz guter Vater. Meine Tochter würde Frauenfußballerin.

Irgendwann hat sie dann wohl in die Windel gemacht, sie hat so derbe gestunken. Aber Mario konnte das mit dem Wickeln. Tische dafür hatten wir ja genug und die Mädels wollten alle mithelfen, nur ich nicht. Das war echt ein bestialischer Gestank. Aber so hatten wir wenigstens mal anschaulichen Unterricht darüber, was im richtigen Leben so abgeht. Nicht immer nur so Theorie-Quatsch. Er soll sie jetzt immer mitbringen, hab ich Mario gesagt.

Babysitten für alle!

Mann, war das laut im Lehrerzimmer! Schreit da ein Baby? Oder hab ich das noch von gestern im Ohr? Ich mach die Tür auf und wollte gleich wieder gehen, weil die da alle irgendwie Beef miteinander hatten und schlimmer rumgeschrien haben als meine Klasse, wenn ich aus Spaß einen unangekündigten Test ankündige. Ich weiß, schließt sich aus, aber mach ich eh nicht. Habe ich gehasst zu meiner Schulzeit.

O.k., es war so, als würden alle leiser, nur weil ich kurz den Kopf ins Lehrerzimmer gesteckt habe. Und dann sagt Frau Severin: »Kommen Sie bitte rein, Herr Möller!« O.k., mach ich. Dann fängt die an von wegen ich sei verantwortungslos und das seien ja selbst noch Kinder und da müsse man mit den Eltern sprechen und

das ginge ja gar nicht und sie hat beim Jugendamt angerufen und ich dachte, es geht darum, dass sie nur eine
Eins kriegen, wenn sie für den HSV sind. Aber nein,
Digger, es ging um Mario und seine Schwester. Und um
seine Mutter. Und darum, dass wir jetzt eben Wickel-
kurs machen und Babyfüttern und Schlaflieder lernen.

Frau Severin meinte, sie sei in die Klasse gekommen und musste erst mal lüften und das Baby hat
die ganze Zeit geschrien. »Da müssen Sie die Windel
wechseln!«, hab ich ihr gesagt. Sag mal, wie ist die
denn drauf? So etwas weiß man doch! »Da waren die
Mädchen gerade dabei!« »Na, dann war ja alles prima!«, hab ich geantwortet und wollte gerade meine
Colaflasche rausholen, da fährt mich Herr Egerling an,
es sei so eine Unruhe in der Klasse gewesen, dass er zu
Frau Severin rübergegangen sei und versucht habe, das
Baby und Frau Severin zu beruhigen. »Da muss man
den Flugzeuggriff anwenden!«, hab ich ihm klargemacht. »Natürlich beim Baby, nicht bei Frau Severin!
Ich meine, da gibt es wirklich 'ne Menge Tutorials auf
YouTube, das weiß ja wohl jedes Baby!«

Chris hat gesagt, sie findet es gut, dass der Bruder
Verantwortung übernimmt, und es sei aber auch ein
Zeichen von Hilflosigkeit gewesen, dass er Leila mit
in die Schule gebracht hat und dass man da vorsichtig
sein muss, was als Nächstes passiert, und dass ich das
im Prinzip schon richtig gemacht habe, das erst mal mit
allen anderen Lehrern abzustimmen, als im Alleingang
etwas zu machen. So hatte ich das noch gar nicht gese-

hen, aber sie hat mich beschwörend angeguckt dabei und ich hab gesagt: »Ganz genau, so war das nämlich!«

Ganz schön schlau, die Chris. Und ich mag diese blonde Haarsträhne, die sie immer wegpustet, wenn sie ihr ins Gesicht fällt. Chris hat dann vorgeschlagen, dass sie und ich zusammen mit dem Jugendamt und den Eltern sprechen, und das fanden dann die Kollegen auch in Ordnung. Ich finde ja, das kann Chris eigentlich auch alleine machen, aber sie sagte, es sei besser, wenn wir als Mann und Frau da hingehen. War das ein Heiratsantrag? Ich weiß es nicht. Vielleicht frage ich sie noch mal. Aber nicht, dass sie das dann als Heiratsantrag versteht …

Hol den Müll hoch!

Ich sollte also mit Chris zu Marios Mutter und wollte das mit ihr besprechen, wann und wie und wo und so. Scheiße war, dass Chris immer noch pissig war wegen der Aufräum- bzw. Nichtaufräumaktion von mir. Sie fand sogar, ich hätte mich anders entschuldigen sollen.

Hey, Leute, versteht ihr die Chicks? Ich meine, wie soll man sich denn anders entschuldigen, als sich zu entschuldigen! Geht doch nur so: »Entschuldige, das war falsch von mir, ich habe einen Fehler gemacht!« Und dann sagt der andere: »Ist in Ordnung!« oder so etwas. Aber Frauen wieder: »Und du denkst, damit ist es getan?« Ehrlich Leute, klar denke ich das, weil, bei normalen Menschen isses so. Durfte ich aber natürlich nicht sagen. Also gut, hab ich sie gefragt, »Was soll ich denn noch machen?« Da hat sie gesagt, ich soll auch Müll sammeln. Es gäbe ja noch genug auf der anderen Seite vom Schulhof, wo sie nicht waren. Und zum Beweis soll ich die Müllsäcke vor die Schule stellen, wo sie dann abgeholt werden.

Ich meine, bin ich total verwirrt? Ich sammele doch nicht alleine noch mehr Müll auf, den irgendwelche Asis einfach weggeschmissen haben! Sie hat gesagt, dann erst würde sie mir glauben, dass ich meine Entschuldigung ernst meine! Boah, ey. Die tickt doch nicht mehr ganz richtig! Die muss wirklich mal was rauchen! Aber ich brauche sie in der Scheiß-Schule. Ich brauche wenigstens einen Menschen, der zu mir hält! Außerdem ist sie ja echt schon irgendwie ganz, na ja, stabil eben. Also hab ich gesagt, o.k., mach ich. Und ich hatte natürlich einen Plan …

Ich hab mir zehn Müllsäcke mitgenommen und hab ihr gesagt, dass ich am nächsten Morgen sehr früh anfangen werde. Und dann bin ich abends bei mir im Haus zu den Mülleimern gegangen und hab meine Säcke vollgemacht. Und dann noch zu den Nachbarn. Hallo, so ein Müllschloss knacke ich ja wohl locker! Das war extrem eklig! Aber zum Glück hatte ich das so getimed, dass der Müll übervoll war, weil morgen die Müllabfuhr kommen sollte. Also, ich stopfe die Säcke voll und fahre mitten in der Nacht zur Schule. Ich stellte sie da hin, wo wir ausgemacht hatten. Wenn sie jetzt morgen früh kommt, denkt sie, ich hätte schon so viel Müll gesammelt, so war der Plan.

Ich musste ein paar Mal fahren, um alle Säcke abzustellen. Krass widerlich war das, ich brauche, glaub ich, einen Wunderbaum für mein Auto, damit ich den Gestank wieder rauskriege. Einen Sack habe ich nur halb voll gemacht und bin dann um sieben damit neben dem Schulhof (auf der anderen Seite) rumgelaufen und habe noch ein wenig eingesammelt, so am Rand, wo man längs geht. Krasses Zeug hab ich gefunden! Einen völlig intakten riesigen Bademantel. HSV-Becher, so was schmeißt man doch nicht weg, leere Feuerzeuge und Unmengen Caprisonne-Packungen und viele Stiefel und Flip-Flops. Seltsam. Als Chris mich gesehen hat, hat sie meine Ausbeute gelobt und ich bin wohl wieder rehabilitiert. Köpfchen muss man haben, Digger!

Frau
»Marios Mutter«

Marios Mutter hat einen völlig crazy Namen, den kann niemand aussprechen. Also haben wir sie immer mit »Marios Mutter« angesprochen. Ja, Leute, Chris und ich waren da, bei ihr. Wegen Leila. Also, weil Mario Leila in die Schule mitgebracht hat. Ich fand's eigentlich ganz vernünftig, dass er das gemacht hat, und ich hatte ja bisher noch voll wenig Babys in meinen YouTube-Videos und gerade die Girls unter meinen Abonnenten finden das bestimmt voll niiiiiiedlich, wenn Mef-You mit einem Baby auf dem Arm Unterricht macht. Ich hab übrigens schon 'ne ganze Menge Abonnenten, schon allein meine ganzen Schüler und ihre Freunde, cool.

O.k., Leute, Chris war gleich total so pädagogisch, sie immer so zu Marios Mutter: »Mensch, Marios Mutter, das geht nicht, dass Ihr Sohn seine Babyschwester mit in die Schule nimmt, weil, er muss sich doch auf seinen Unterricht konzentrieren und so, und außerdem ist er selbst ja noch ein Kind und Kinder können nicht auf kleinere Kinder aufpassen, das ist zu viel Verantwortung und …« Blablabla. Sie hat ja vielleicht ein bisschen recht, außerdem ist eine Schule mit der ganzen Prügelei und den Drogen und leicht bekleideten Schülerinnen und so echt kein Place für Babys, aber alleine bleiben ist ja wohl echt noch viel schlimmer!

Hab ich dann auch gesagt, dass ich es eigentlich super nice fand, dass Mario auf seine Schwester aufpassen wollte und trotzdem in die Schule gehen wollte und so. Aber dass sie dann doch ziemlich heftig stinkt, wenn sie in die Windel gemacht hat, und wenn sie schreit, stört sie beim Filmgucken und so und vielleicht sollte Marios Mutter sich doch überlegen, ob sie sie nicht in die Babyklappe steckt. Dann haben alle Ruhe. Nee, Spaß, hab ich echt nur als Witz gemeint. Oder als Notlösung jedenfalls, wenn gar nichts anderes geht. Hey, Spaß, Leute!

Das mit der Babyklappe fand Marios Mutter voll

nicht lustig und als Chris sie dann auf den Vater, also, der wohl auch Marios Vater ist, angesprochen hat, da hat Marios Mutter nur geseufzt und gesagt, das geht nicht mit dem Vater, der hat auch Frühschicht, und das Baby soll nur, solange sie Frühschicht hat, noch zwei Tage mit im Unterricht sein. Ich find's o.k., solange Mario es schnell genug wickelt und füttert. Chris aber dann gleich wieder so voll: »Das geht nicht, das ist nicht Aufgabe der Schule, da müssen Sie sich was einfallen lassen …« Dann hat sie gesagt, dass Mario in dem Fall zu Hause bleiben und auf seine Schwester aufpassen muss. Chris dann so: »Mario muss in die Schule. Es gibt eine Schulpflicht in Deutschland!« Sie ist immer noch nicht entspannt, die Gute. Ich hatte eine Idee und hab den beiden gesagt, ich klär das und rufe Marios Mutter später an.

Chris war voll misstrauisch und hat mich gefragt, wie ich das denn klären will? Das ginge ja voll nicht und welche Idee ich denn hätte. Ich hab nur gesagt »Vertrau mir!« und dann habe ich zwei Tage krank gemacht und mit dem Baby lustige Videos gedreht. Lustige Hüte hab ich ihm aufgesetzt und einen Schnurrbart angemalt und so. Und meine Nachbarin hat's gewickelt, alle zwei Stunden, vorsichtshalber. Ich hatte Angst vor dem Gestank … Chris hat mich dann angerufen und gesagt, sie glaubt nicht, dass ich krank bin. Aber ich fand's gut, auch mal zu chillen, und war ja nur vormittags, bis Marios Mutter von der Schicht kam. Also: Alles easy! Blöd war nur, dass ich dem Baby mein Handy zum Spielen gegeben habe und es alle Videos gelöscht hat … Was'n

Kack, jetzt muss ich mir wieder neue Sachen für den Kanal ausdenken! Ich glaube, so ein Baby kann viel mehr, als man immer denkt …

Krasse Klassenarbeiten

Direkt aus dem Krankfeiern in den Megastress: Nächste Woche ist Notenkonferenz. Ist mir zu spät eingefallen, dass wir dafür ja Noten brauchen. Wie der Name schon sagt. Da könnte ich natürlich würfeln. Aber wenn die Kollegen wieder was sehen wollen, Arbeiten oder so, dann geht das nicht. Also haben wir heute zwei Klassenarbeiten geschrieben. Hab ich den Kids gestern gesagt. Und morgen schreiben wir noch mal zwei. Die so am Rumjammern: »Das ist voll asi, Herr Möller!« Ich hab denen also gesagt, ich nehm die von letztem Jahr noch mal, die Arbeiten. Das war die beste Idee, dann musste ich mir auch nichts ausdenken.

Kerim sagte, da hatte er aber fast nur Fünfen, letztes Jahr. Hab ich gesagt, dann bring eben die verbesserten Arbeiten mit und leg sie daneben. Die sind manchmal echt nicht so helle. Er sagte, er hat sie Murat aus der Nachbarklasse geliehen und nie wieder zurückgekriegt. Das ist dann aber echt sein Problem. Nurgül hat ganz groß auf ihre Arbeit geschrieben: Mustafa, isch liebe disch! Damit kann sie ja wohl nicht unseren Mustafa meinen. Ich hab drunter geschrieben: »Das ist doch wohl nicht dein Ernst! Cengiz aus der Parallelklasse sieht doch viel geiler aus!« Dann waren die während der Arbeit natürlich nur am Abgucken. Und so auffällig. Und dann haben die auch noch bei den richtigen Nullcheckern abgeguckt!

Hallo? Wenn abgucken, dann richtig bei den Schlauen. Oder gleich googeln unterm Tisch. Oder das Buch aufs Klo mitnehmen und da abschreiben. Aber immer dieses voll auffällige fast Rüberlehnen auf die andere Seite, bis sie fast auf ihrem Sitznachbarn liegen, so was von auffällig! Man muss sich schon anstrengen, wenn man was erreichen will. Ich hab schließlich auch das Abi geschafft. Weil ich dafür geackert habe. Weil ich es schaffen wollte. Ich hab mich reingehängt und gewusst, bei wem ich abschreiben muss und wie ich das mache, damit das keiner mitkriegt. Es war echt schwer, weil die Guten keinen Bock hatten, uns Schwächere zu unterstützen. Aber wenn ich was will, dann schaffe ich das auch. Ein bisschen eine Kämpfernatur muss man schon sein. Und erfinderisch.

Eine Frage in der Arbeit war: Warum fliegen Vögel? Es ging natürlich um so Sachen wie: hohle Knochen, voll leichtes Federkleid und so. Schreibt Serpil: »Weil sie es können.« Ey, ich voll den Lachflash, obercoole Antwort, »weil sie es können!« Krass cool. Sind doch manchmal gar nicht so doof, meine Schüler. Und unterhalten haben sie sich auch, während der Arbeit. Immer so: »Pscht, pscht, was hast du bei 2a?« Und wenn die anderen nicht antworten wollten, haben sie die mit kleinen Papierkügelchen beworfen. Das war lustig. Ich musste gar nichts mehr machen, weil so Leute wie Ahmad und Shannon selbst keinen Bock drauf hatten, dass die Nullen sie immer was fragen. Bin rausgegangen, eine rauchen. War klar, dass sie in der Zeit alle zusammen die Arbeit schreiben. Mir egal, ich will ja einen guten Klassenschnitt haben.

Disneyworld. Not.

Nicht zuletzt dank meiner entspannten Arbeitsweise war der Klassenschnitt ganz okay und die Kids hatten eine Belohnung verdient.

Die Kinder haben immer voll Bock, sich zu verkleiden. Kann ich verstehen, mal jemand anders sein zu wollen, sich mal richtig rausputzen oder auch mal mega gruselig sein oder richtig cool. Leider ist Karneval in Hamburg ja überhaupt nicht angesagt. Es gibt in Bergedorf eine fette Karnevalsparty in irgendeinem Club, aber da war ich noch nie.

Weil meine Schüler das aber schon mitkriegen jedes Jahr, dass sich in großen Teilen Deutschlands verkleidet wird, wollten sie unbedingt auch 'ne Faschingsparty machen, vor allem die Mädchen waren heiß drauf. »Ich hab soooo 'ne nice Idee, echt mega heftig, Herr Möller, machen Sie doch was!«, jammerte Nurgül. Und auch Shannon wollte unbedingt mal »'ne Prinzessin sein, nur für einen Tag, Herr Möller!«.

Okay, was macht man nicht alles für die Kinder: Ich hab bei Herrn Bock angefragt, ob wir das nicht mit der ganzen Schule machen wollen. Wie geil, es ging klar! Also, am Freitag vor Rosenmontag war Faschingsparty in der Schule angesagt.

Natürlich sind die Kinder schon morgens im Unterricht verkleidet erschienen, es waren mehrere Käpt'n Jack Sparrows und einige Joker da. Natürlich gab's auch Mädchen, die die Gelegenheit genutzt haben, sich mal so richtig aufzubrezeln, das fand ich fast ein bisschen krass. Und eine hatte sich tatsächlich irgendwie das Fleischkleid von Lady Gaga gebastelt, das war Nurgül, die sich tatsächlich bei ihrem Vater im Dönerladen bedient hatte und gammlige Fleischstücke aneinandergenäht hatte. Ich bekam kaum Luft und hab nur gesagt: »Boah, du stinkst, Nurgül! Wie alt ist das Fleisch? Da legen ja schon die Fliegen ihre Eier rein! Geh bitte nach Hause und zieh dich um. Wir können sonst hier keinen Unterricht machen, da kommen ja gleich die Leute vom Seuchenschutz!« Sie hat ein bisschen rumgemault und gesagt, dann bleibt sie gleich ganz zu Hause. War mir doch egal.

Ich hatte mich natürlich freiwillig gemeldet für abends zum Aufpassen. Chris auch und sogar Herr Bock selbst. Ich hatte als Motto »Reeperbahn« vorgeschlagen, fanden die anderen eher ungeil. Das Motto, auf das wir uns am Ende einigen konnten, war »Disney-Movies«. War klar, dass die Hälfte blau angemalt als Avatar kommen würde, obwohl das gar kein Disney-

Film ist, und die andere Hälfte grün angemalt als Shrek, auch nicht von Disney. Egal, dachte ich, vielleicht ist ja wenigstens ein Donald Duck dabei.

Auch ich hab mich nicht ans Motto gehalten, sondern meinen ursprünglichen Plan verfolgt und bin als Zuhälter gegangen. Habe mir sogar extra ein Brusthaar-Toupet besorgt. In Blond, natürlich. Dann ein sehr knappes Hawaii-Hemd bis zum Bauchnabel aufgeknöpft und eine blonde Schenkelbürste angeklebt. Also, eine Rotzbremse. Meine Güte, Leute, einen Schnurrbart natürlich! Checkt ihr's? Eine riesige, goldumrandete Piloten-Sonnenbrille dazu und Goldkette um Hals und Arm – fertig.

Krappi und KS hab ich selbstverständlich auch Bescheid gesagt, die haben immer Bock auf Party. Krappi kam als KS und KS als Krappi – mega originell und auch eher mittel Disney-mäßig. Eigentlich war das Motto wirklich egal, es kam sowieso jeder, wie er wollte. Als ich Herrn Bock gesehen habe, in einer beigefarbenen Breitcordhose mit orangefarbenem Hemd und grünem Pullunder, wollte ich was Nettes sagen und meinte: »Boah, Herr Bock, Sie sehen ja richtig Scheiße aus! Ist neben Ihnen ein Altkleidercontainer explodiert? Respekt!« Er sah mich nur verächtlich an und antwortete: »Ich habe mich noch nicht verkleidet, Herr Möller. Bis gleich!« Aaah, mega peinlich!

Ich hab ihm dann später einen Bananen-Kirsch-Saft ausgegeben und mich ein bisschen entschuldigt. Er hatte jetzt ein blaues Gesicht, blauen Pulli und weiße

Hose und Mütze. Ein Schlumpf. Ich hab nichts gesagt wegen Disney … Aber wenigstens Chris war als kleine Meerjungfrau verkleidet mit einem richtig coolen Kostüm mit Fischschwanz. Sie sah korrekt süß aus. Ich hab sie gesehen und gesagt: »Hey Chris, Meerjungfrauen sind aber nackt obenrum!« Und sie: »Ich habe mich ja nur als eine verkleidet!« »Ich biete dir an, beim Ausziehen von deinem fleischfarbenen T-Shirt zu helfen!« »Danke, ich sage dir Bescheid, wenn ich Hilfe brauche!«

Ansonsten war es natürlich eine lame Party, ohne Alkohol und richtig zum Kiffen kam ich auch nicht, weil ständig Herr Bock oder Chris um mich rumschwirrten. Die Musik war auch übelst, aber die Kids hatten ihren Spaß. Um zehn war alles vorbei, und ich bin dann mit KS und Krappi noch weitergezogen. Da ging die Party dann erst richtig los …

Gruselstunde

Meinen blonden Schnurrbart hab ich anbehalten. Fand ich cool! Bis mich gestern Frau Severin so irritiert angeguckt hat, als sie fragte, ob ich bei ihr Vertretung machen kann, eine Stunde, weil sie einen dringenden Arzttermin hat. Ausgerechnet bei der! Die ist so uncool. Aber wahrscheinlich geht sie mit ihrer Klasse mit auf Klassenfahrt, da ist es besser, wenn ich mal einen auf nett mache. Also gut, ich machte heute also eine Stunde später Feierabend, voll Kacke, hatte ich wenig Bock drauf, aber ich dachte, wir gucken schön einen Film, Mad Max oder so, wollte ich runterladen.

Aber ich komme da rein, da waren die schon voll informiert, dass ich heute da bin und nicht Frau Severin. Ey, ich war echt total verwirrt, ich komme da rein, um Viertel nach eins, Viertelstunde zu spät, da sitzen die total brav da und lesen. Aber keine SMS oder Whats-App-Nachrichten, nein, ein Buch! Und es kommt noch krasser: Als ich beim Pult bin, stehen die alle auf und sagen im Chor: »Guten Tag, Herr Möller!« Ich kam mir voll vor wie beim Militär, dass die nicht salutiert haben, war alles. Übertrieben gruselig.

Ich hab dann meinen Laptop eingesteckt und schon mal versucht, Mad Max Fury Road runterzuziehen, da fragte eine Tussi mit Hochsteckfrisur und kariertem Faltenrock, die sah aus wie meine Oma, was ich da mache. Ich hab gesagt: »Ey, wir gucken Mad Max!« Und sie: »Das dürfen wir noch nicht angucken!« Boah, dachte ich, wie sind die denn drauf, und sagte: »Äh, aber es ist doch schon die sechste Stunde?« Und sie so: »Ja, aber der ist erst ab 16 und wir sind erst zwölf!« »Aber nicht mit Erziehungsberechtigten! Da dürft ihr den schon angucken.« Da fiel ihr nichts mehr ein, aber dann meldete sich schon die nächste Streberin, in Latzhose und mit Affenschaukeln: »Wir haben aber zu tun. Wir müssen unser Buch weiterlesen.« Ich so: »Äh, auf welchem Planeten sind wir hier? Und wie heißt das verschissene Buch, das ihr einem mit sechs Oscars ausgezeichneten Actionmovie vorzieht? Ich zitiere: »Mein Name ist Max. Meine Welt ist Feuer und Blut. Früher war ich ein Cop. Ein Vollstrecker auf der Suche nach Gerechtigkeit …«

Weiter kam ich nicht, weil die Latzhosentante mir ein Buch hinknallte: Die Welle. Ich las hinten drauf den Klappentext und dachte: Laaangweilig!!! Ein Buch über die Schule! Wie kann man in der Schule ein Buch über die Schule lesen, das ist doch voll krank! Und dann ging's da noch um das Dritte Reich, kein Wunder, ziehen die sich solche altmodischen Klamotten an – voll schrecklich! Aber alle waren total still und am Lesen. NIEMAND wollte den Film sehen! Ich fall vom Glauben ab. Die sind wahrscheinlich total brainwashed. Dooferweise ging das dann mit dem Runterladen auch nicht so gut, also hab ich eben ein Nickerchen gemacht, solange die gelesen haben. Dass Schüler so hart drauf sein können, hätte ich nicht gedacht. Ich bin echt froh, dass das nur 'ne Ausnahme war mit denen. Echt scary.

Lost in Translation

Puh, bin ich dankbar für meine Klasse – nach den Erfahrungen! Da ist mir selbst so ein Chaot wie Kerim lieber. Seine Eltern wollten mit mir sprechen. Wahrscheinlich wollten sie sich einfach nur bedanken, weil ich ein so cooler Lehrer bin, da war ich mir ziemlich sicher. Chris meinte, ja, das könnte sein, aber vielleicht machten sie sich auch nur Sorgen, weil ihr Sohn ein grottenschlechter Schüler ist. Keine Ahnung.

Meine Mutter wäre nie zu meinem Lehrer gegangen. Ich war der ziemlich egal. Oder warum hat sie mich zu Hause rausgeschmissen, mit sechzehn? Es kann nicht daran gelegen haben, dass ich ausgerechnet an den Sohn von ihrem Chef 'ne Flasche Korn vercheckt hab. Immerhin war der schon vierzehn und ich brauchte das Geld echt. Gut, sie war in der Probezeit, aber ich finde, sie hat trotzdem überreagiert. Alle meine Sachen hat sie zum Fenster rausgeworfen und ich hatte zwei Wochen Zeit, mir eine Wohnung zu suchen.

Hoffentlich kommt nur Kerims Mutter, dachte ich. Vielleicht ist sie ja 'ne richtige Milf, ich steh total auf orientalische Frauen. Aber am Arsch, natürlich kam der Vater mit. Vielleicht darf sie alleine gar nicht mit einem Mann sprechen? Vor allem wenn er so ein Hottie ist wie ich. Aber die sahen auch beide echt gut aus, muss man ihnen lassen. Echt Porno, die Mutter. Ich hab das Gespräch dann auch gefilmt für meinen Kanal.

Kerim war sogar auch dabei! Ey, wie will man sich denn da gepflegt unter Erwachsenen unterhalten! War dann aber schnell klar, dass er übersetzen muss: die konnten fast kein Deutsch. Und es schien aber so, als hatte Chris recht. Warum Kerim so schlecht in der Schule ist, wollten sie wissen. Und was man dagegen unternehmen kann. Sie sollen früh mit ihm Autofahren üben, hab ich gesagt, dann kann er später vielleicht wenigstens den Taxischein machen. Er hat das übersetzt, und sie fanden meine Idee wohl voll Jackpot.

Kerim hat gesagt: »Sie sagen, prima, machen wir, mit Opas Ford Mustang kann ich üben!« Die Mutter Kerim hat sich dann irgendwas aufgeschrieben, komisch, das kann man sich ja wohl merken.

Sie sagte dann noch irgendwas davon, dass wir wohl sehr viel Unterrichtsausfall haben, weil Kerim immer zu Hause vor der Playstation hängt. Hab ich jedenfalls so verstanden. Und das findet sie nicht gut. Ich hab Kerim gefragt, welche Spiele er hat und dass er mir »Call of Duty – Infinite Warfare« mitbringen soll, wenn er eine bessere Note haben will. Die Eltern schienen das super zu finden, denn Kerim hat übersetzt und sie haben sich voll überschwänglich bei mir bedankt. »Zeugnis, Zeugnis!« hat der Vater dann immer wieder gesagt, und noch was Türkisches dazu. Die strangesten Wörter lernen die! »Da muss Ihr Sohn sich noch etwas anstrengen und mir noch mehr Spiele besorgen«, habe ich zu ihnen gesagt »wenn er versetzt werden möchte.«

Und die haben ganz ernst geguckt und genickt, nachdem Kerim übersetzt hat, und der Vater hat seinem Sohn stolz auf den Schulter geklopft. Die Mutter hatte sogar ganz feuchte Augen. Bin mir nicht ganz sicher, ob Kerim alles richtig wiedergegeben hat, aber ich freue mich mega auf die Games.

Mein Beruf, dein Beruf

Die Kinder sollen ein Berufspraktikum machen. Zwei Wochen lang. In der Zeit soll ich andere Klassen unterrichten. Alter, ich hatte mich schon voll gefreut, weniger zu tun, mehr Zeit zum Chillen und Abhängen, und jetzt sagt nicht, dass das das Gleiche ist! Jetzt sind alle voll aufgeregt, weil sie nicht wissen, wo sie ein Praktikum machen wollen. Shannon, Serpil und Kathleen wollen unbedingt »was mit Mode« machen. Ich hab vorgeschlagen, sie können ja vielleicht mal bei Karstadt Osterstraße anfragen, ob sie da irgendwas helfen können, aber das fanden sie voll Lauch. Meine Güte, Karl Lagerfeld wird sie wohl kaum einstellen und außerdem ist der in Berlin!

Ali will zum Tierarzt, weil er das mal beruflich machen will. Aber er kann kein Blut sehen. Und außerdem weiß ich zufällig, dass Tierärzte das nicht gern machen mit Jugendlichen, weil das teilweise echt hart ist, wenn die einem Hund die Eier abschneiden und so. Ich hab gesagt, sein Onkel hat doch 'ne Dönerbude auf der Reeperbahn, da kann er das Praktikum machen, ist ja dann auch was mit Tieren und so.

Und Deborahs Eltern wollen unbedingt, dass sie bei einem Anwalt ein Praktikum macht. Ausgerechnet Deborah! Die tut immer nur so freundlich und unschuldig, dabei verdient sie sich ordentlich was zum Taschengeld dazu mit Haschdealen. Und die soll zum

Anwalt! Da kann sie ja gleich bei der Drogenberatungs-stelle ein Praktikum machen! Ich finde ja, die können auch ein Praktikum als Lehrer machen. Eigentlich machen sie das ja schon die ganzen Jahre. Aber nee, ins Lehrerzimmer und so dürfen sie ja gar nicht. Ich dachte mir so: »Also, ich glaube, ich frage die, ob sie nicht vielleicht mal Lehrer werden wollen. So wie ich, der heftigste Lehrer der Welt! Und dann zeige ich denen mal alles, was man als Lehrer so macht! Alter, das bringt denen bestimmt total viel Spaß!«

Ich beim nächsten Mal in der Klasse: »Und habt ihr einen Praktikumsplatz gefunden? Jeder von euch?« Ali so: »Mein Onkel will nicht, dass ich bei ihm Praktikum mache. Er sagt, ich esse dann eh nur und stehe im Weg rum.« Er hörte sich ein bisschen traurig an. Manche Erwachsene sind echt so asi. Und die Mädchen hatten auch alle nichts, eine wollte in eine Agentur und war dann in der Arbeitsagentur, die haben gesagt, sie haben nichts für sie. Krass, wie die mit den Erwachsenen der Zukunft umgehen! Ich hab also meine Idee präsentiert: »Macht doch ein Praktikum bei mir, als Lehrer! Heißt ja schließlich Schulpraktikum!« Fanden alle voll cool. Ich überleg mir, was ich mit ihnen mache.

Harte Arbeit

Vorgestern haben wir Mad Max geguckt, gestern guckten wir dann endlich Mad Max Fury Road, nachdem das mit den anderen Honks ja nicht geklappt hat. Ich hab Chips mitgebracht. Heißer Scheiß, der Film, den hatte ich noch gar nicht gesehen. Ein paar Mädchen waren mehr unterm Tisch als davor. Echt peinlich! Sonst immer 'ne große Klappe, aber bei Weltkultur die Hosen voll haben!

Heute wollte ich mal versuchen, meine Playstation anzuschließen, und dann mit den Kids Super Mario spielen. Und dann meldete sich der kleine Mario, der Kleinste in der Klasse, der sagt eigentlich nie was, und meinte: »Herr Möller, wann fängt eigentlich unser Praktikum an?« Ich: »Aber das hat doch schon angefangen! Wir sind mittendrin!« Und dann plötzlich alle durcheinander: »Wie? Aber wir machen doch gar nichts Besonderes! Ist doch alles wie immer! Lehrer machen doch nicht nur Unterricht! Wir wollen ins Lehrerzimmer!« und lauter so'n Kram. Ich dachte nur, Leute, ey. Andere wären froh, wenn sie 'ne Easy-Zeit hätten während ihres Praktikums.

Aber ich merkte, ich muss denen was bieten. Also wollte ich ihnen auf jeden Fall vorab schon mal das Lehrerzimmer zeigen. Das ist ja was Heiliges. Da dürfen die eigentlich nie rein. Das ist so was wie ein Tresor. Manchmal können sie einen kurzen Blick reinwerfen, aber dann ist auch schon Schluss. Ich hab sie gefragt, wie sie sich das Lehrerzimmer vorstellen. Shannon dann gleich: »Voll gemütlich mit vielen Pflanzen und Sofas!« Ahmad voll ehrfürchtig: »Da darf man bestimmt rauchen! Da steht sicher auch 'ne Shisha!« Und Nurgül: »Und ein Tischkicker! Und vielleicht ein kleiner Whirlpool. Und 'ne Mega-Kaffeemaschine für Latte Macchiato und Cappuccino und alles!« Kerim: «Ich glaub, du bist doof – wozu denn ein Whirlpool? Alter, im Whirlpool ist man nackt, was willst du denn nackt im Lehrerzimmer? Da kommen ja andauernd Angezogene rein! Ein mega riesengroßer Flatscreen steht da und 'ne Wii und Playstation! Und dahinter 'ne heftig gemütliche Couch mit heftig vielen Kissen!« Ich hab mitgeschrieben, alles super Vorschläge fürs Lehrerzimmer, da muss ich Herrn Bock wohl mal 'ne Wunschliste schreiben …

Wir also alle Richtung Lehrerzimmer. Doch als ich dann mal reingeluschert hab, in unser Zimmer, waren da so viele Kollegen drin, so dass es besser ist, das Ganze nochmal zu vertagen. Die Kids waren etwas enttäuscht, aber wir werden wiederkommen. Soviel ist sicher.

No-go-Areas

Am Freitag in der sechsten Stunde wollte ich mit den Kids dann noch mal einen Versuch starten, ins Lehrerzimmer zu kommen. Freitag, sechste Stunde, ist da nämlich nichts mehr los. Da sind alle schon auf dem

Weg nach Hause. Bis dahin haben wir getanzt und die Kids haben mir die neuesten Moves beigebracht. Dann war endlich der Zeitpunkt da: Wir alle zusammen wieder zum Lehrerzimmer.

Davor habe ich ihnen die Lehrertoilette aufgeschlossen und Shannon musste wohl auch mal, oder sie wollte sich einfach nur wie eine Lehrerin fühlen, keine Ahnung, auf jeden Fall hat sie's ausprobiert. Eigentlich echt strange, schließlich ist ein Lehrerklo auch nicht aus Gold ... Aber die Kinder fanden es total super. »Da steht ja gar nichts an den Wänden! Das ist ja voll ordentlich! Kein Klopapier auf dem Boden! Es stinkt nicht so wie bei uns!« Krass, womit man bei Schülern Eindruck machen kann. Vielleicht sollte ich auch mal aufs Schülerklo, mal gucken, ob es da wirklich so schlimm ist.

Dann plötzlich mussten ganz viele und es hat ewig gedauert, bis alle fertig waren. Sehr witzig fand ich, dass die Kids dann »Olé, olé, oh Lehrerzimmer!« gegrölt haben. Bestimmt haben die anderen nicht halb so viel Spaß bei ihrem Praktikum! Wir sind dann alle einfach reingestürmt, und das war anscheinend für die Kollegen nur so mittel toll. Es saßen nämlich einige von ihnen, darunter Herr Bock, Herr Egerling, Frau Severin, Frau Czinczoll, Herr Claussen und Chris, die eigentlich freitags nur die ersten vier Stunden hat, und haben über irgendwas diskutiert. Komische Veranstaltung.

»Halli, hallo, hallöchen!«, rief der eigentlich so schüchterne Mario, Shannon folgte ihm mit einem

»Was geht, Kollegen?« in Richtung meiner Kollegen und Nurgül rief traurig: »Ooooch, nur 'ne normale Kaffeemaschine! Und nix mit Whirlpool …« »Das ist ja voll krass nicht gemütlich!« und: »Kein TV! Nicht mal ein Sofa oder so!« »Ich werd kein Lehrer!«, riefen die Kids durcheinander, während sie die Aushänge am Schwarzen Brett und unsere Regalfächer inspizierten. Die Kollegen, Digger, die hättest du mal sehen sollen! Die waren ziemlich außer sich. Bis auf Chris, die sah extrem unglücklich aus. Herr Bock war richtig rot, als er schrie: »Raus hier! Schüler haben hier nichts zu suchen! Verlassen Sie mit Ihrer Klasse sofort das Zimmer und melden Sie sich umgehend bei mir!« »Erst nachdem ich rausgegangen bin, oder soll ich mich erst bei Ihnen melden und dann rausgehen?« Ich fand, das war eine berechtigte Frage, schließlich konnte ich schlecht beides gleichzeitig machen. «Montag!«, hat er gebrüllt.

Bei Chris bin ich manchmal nicht sicher, ob sie in mir auch einen Chaoten sieht, dem geholfen werden muss, oder ob sie mich als Mensch einfach mag. Sie hat mich aus dem Zimmer geschoben, die Kids sind voll angenervt mitgekommen. »Scheiße!« und »Wir sind doch jetzt Kollegen!« und »Heftig nerviges Praktikum«, haben sie vor sich hingemeckert. Ey, dass unser Rektor voll keine Ahnung hat von Praktikum und so! Na gut. Bespreche ich Montag mit ihm.

Kein Bock

Boah, war der sauer, der Herr Bock. Ich hab versucht, ihm zu erklären, dass das ja im Rahmen des Schulpraktikums gelaufen ist, nicht einfach so aus Scheiß. Die Schüler haben ja für den Moment die Rollen getauscht, sie waren plötzlich die Lehrer und haben mega viel Interesse für den Lehrerberuf gezeigt, was ja auch nice ist.

Er meinte aber nur, das sind aber keine Lehrer und Schulpraktikum heißt nicht, dass man in der Schule ein Praktikum macht, und wie der Lehrerberuf aussieht, können sie sich ja wohl selbst vorstellen, dafür brauchen sie ja wohl kein Praktikum und blablabla. Außerdem hätte wohl jemand die Telefonliste mit den Handynummern von allen Lehrern, einschließlich seiner, geklaut. Die war angeblich vor unserem Besuch noch am Schwarzen Brett und danach nicht mehr. Was bildet der sich eigentlich ein? Wozu will jemand die Handynummern von allen Lehrern? Um ihn zu Clash of Clans einzuladen oder was? Beweise hatte er keine und gesehen, wie jemand den Plan abgemacht hat, hat er auch nicht.

Finde ich voll cool! Echt clever, die Kids manchmal. Mir ist es auch nicht aufgefallen, wie sie es gemacht haben. Vor allem ist es ja überhaupt niemandem aufgefallen. Den anderen Kollegen nämlich auch nicht! Mal sehen, wen sie als Erstes anrufen und was sie dann am Telefon machen. Dann meinte Herr Bock auch noch, die Lehrertoilette sei vollgeschmiert. Ob die Schüler auf der Lehrertoilette waren. »Natürlich, Herr Bock, oder hätten Sie gewollt, dass die Ihnen noch auf den Teppich vom Lehrerzimmer strullen? Die mussten mal!«, hab ich erklärt. »Dreißig Meter weiter ist die Schülertoilette. Das hätte Ihre Klasse ja wohl geschafft! Außerdem liegen zwischen »benutzen« und »vollschmieren« ja Welten!«

Hab mir dann angeguckt, was er mit vollschmieren meinte. Okay, da stand mal wieder »Mustafa, isch liebe Dich!«, diesmal aber ohne Absender. Voll sinnlos, Mustafa geht ja wohl kaum auf die Lehrertoilette, außer wenn ich ihn reinlasse! Und sie hätte das nicht zwingend zwanzigmal schreiben müssen, die Botschaft wäre auch mit einem Mal angekommen, so groß wie sie das geschrieben hat. »Die Person, die für die Schmierereien verantwortlich ist, soll sie auch wieder wegputzen, und zwar nachmittags, in der Freizeit!« Okay, sag ich ihr. Meine Güte war der drauf …

Mein Problem, dein Problem, kein Problem

Irgendwie haben Nurgüls Eltern mitgekriegt, dass ihre Tochter das Lehrerklo putzen muss. Also, nicht die Toilette, Digga, sondern das, was sie mit Edding an die Wände geschrieben hat. Ist ihr Problem. Wie kann man nur so dämlich sein! Dachte ich.

Dann hat mir Ahmad erzählt, dass Nurgül nicht mehr in die Schule kommt, weil sie von den Eltern Hausarrest hat, und dass die sie doch eh immer verprügeln. Tja, da hätte sie mal besser ihren Edding nicht ausgepackt! Das war wohl ziemlich hirnlos. Aber als ihre Freundin Shannon dann auch noch gesagt hat, dass es Nurgül wohl ziemlich schlecht geht und dass Mustafa sie wohl auch noch niedermacht, weil ihm das Ganze peinlich ist, da tat sie mir dann doch auch leid. Ich weiß ja, wie es ist, wenn man mit seinen Eltern nicht klarkommt.

Meine Mutter hat mich ja auch immer verprügelt, wenn ich was angestellt hatte. Zum Beispiel als ich mit meinen Kumpels mal bei Karstadt was geklaut habe. Einfach so aus Scheiß haben wir Playstation-Spiele geklaut. Natürlich wollten wir die auch spielen, aber wir hatten eben keine Kohle. Und es war auch ein bisschen so was wie eine Mutprobe: wer traut sich, was richtig Teures klauen und so. Meine Güte, was hab ich Prügel eingesteckt von meiner Mutter, als der Ladendetektiv uns erwischt hatte, weil wir zu dritt eine Dreiviertelstunde bei Karstadt rumgehangen sind. Wie dämlich! So musste der uns ja kriegen! Jedenfalls haben mich die Kinder dann angefleht, ich soll zu Nurgüls Eltern und sie da rausholen und dass es wichtig ist, dass sie wieder in die Schule kommt.

Jetzt kenne ich ja zufällig ihre Eltern, also zumindest ihren Vater, weil dem ja »Empire of Döner und Bäckerei 2« an der Wandsbeker Chaussee gehört. Ich bin also mal da hin, um die Mittagszeit, und hab mit Herrn Dogan gesprochen und hab mir einen Döner schenken lassen. Sehr leckerer Döner! Seine Frau hat mitgeholfen im Laden. Ich hab gesagt: «Nurgül muss wieder in die Schule kommen.« Und die beiden so: »Ja, aber sie ist krank, wir haben doch angerufen.« Ich: »Was hat sie denn? Ist ihr von Ihrem Döner schlecht geworden?«

Und Frau Dogan gleich: »Nein, nein, was glauben Sie!« Ich: »Ich habe meine Informanten. Sie hat nichts Schlimmes getan. Sie ist verliebt! Zwar in einen Spacken, aber manchmal ist das so, ne, Herr Dogan?« Herr Dogan: »Aber dass sie verliebt ist, muss sie doch nicht gleich überall hinschreiben! Sie hat die Lehrertoilette zerstört!« »Kennen Sie das nicht? Ich meine, wenn man krass verliebt ist? Das müssen Sie doch kennen! Waren Sie schon mal verliebt, Herr Dogan? Ich meine, richtig verliebt? Müssen Sie ja, sonst hätten Sie nicht diese tolle Frau geheiratet!«, dabei habe ich Frau Dogan angeguckt und ihr zugezwinkert, dass sie rot geworden ist. »Das kennen Sie doch! Das war eine Verzweiflungstat von Ihrer Tochter!« Er dann wieder: »Nein, das muss bestraft werden, das ist nur Dummheit!«

Sah so aus, als müsste ich meine Strategie ändern: »Herr Dogan, eine Strafe ist aber doch eher, dass sie in die Schule muss, und nicht, dass sie zu Hause bleiben darf. Überlegen Sie doch mal. Also, fänden Sie es nicht viel cooler, wenn Sie schön zu Hause vor dem Fernseher sitzen dürften und ein Mittagsschläfchen machen, statt hier Ihren, zugegeben sehr leckeren, Döner zu verkaufen? Ich glaube, Nurgül geht es ähnlich. In der Schule muss man still sitzen, wahnsinnig schwere Aufgaben lösen, man wird vor allen anderen Kindern zu Problemen befragt, von denen man keine Ahnung hat, man hat nur kurze Pausen zwischendurch, die reichen kaum für eine Zigarette, nur Spaß, Herr Dogan, nur Spaß – auf jeden Fall ist es ziemlich anstrengend!«

Weil ich ihn damit immer noch nicht überzeugen konnte, wurde ich lauter: »Ach ja, und was ist eigentlich aus Ihrem Rattenproblem geworden? Ich rufe gern noch mal für Sie beim Gesundheitsamt an!« Da ging's dann plötzlich ganz schnell: »Psst, psst, sind Sie leise! Nurgül kommt morgen wieder in die Schule! Oder gibt es heute dort noch etwas zu tun?« Na also, geht doch.

Guten Appetit

Chris meinte, sie hätten neulich, als ich mit meiner Klasse das Lehrerzimmer gestürmt hätte, gerade über mich gesprochen und dass ich wohl im Lehrplan hinterherhinke und meine Klasse nicht im Griff hätte, wie krass ist das, Leute! Sie wusste von dem Gespräch und ist extra länger dageblieben, damit sie mich in Schutz nehmen konnte. Das ist superlieb von ihr, aber wie uncool ist das, dass die Kollegen sich hinter meinem Rücken treffen und über mich labern! Echt heftig! Wenn einer ein Problem mit mir hat, soll er mir das doch direkt ins Gesicht sagen! Gut, weiß ich nicht, ob mich das dann so megamäßig juckt, aber hintenrum ist doch voll asi.

Chris meinte dann, sie hätte denen gesagt, sie müssten mich nur besser kennenlernen, und hat von meinem »guten Herz« geschwärmt. Und dann meinte sie, dass wir doch mal zusammen essen gehen sollten in der Mittagspause. Normalerweise lasse ich mir ja von den schlechten Schülern was mitbringen für mittags, aber gut, als Chris dann heute gefragt hat, ob ich mit Frau Severin, Frau Elser, Herrn Claussen und ihr mit zum Mittagstisch zum Thailänder gehe, hab ich ja gesagt. Ehrlich gesagt hatte ich super wenig Bock da drauf, weil die sich ja echt asi verhalten mir gegenüber, aber Chris meinte, das wäre wichtig, damit ich in der Schule richtig ankomme, also auch bei den Kollegen, nicht nur bei den Kids. Und außerdem fand ich's ganz cool, mal mit Chris was eher freizeitmäßiges zu machen.

Wir saßen dann alle da und haben Essen bestellt und ich hab zu der Kellnerin gesagt: »Da steht scharf bei dem Gaeng Panaeng Nuea, ist das sehr scharf oder nur etwas scharf? Ich mag es nämlich am liebsten mega scharf, also, so richtig heftig superscharf, dass einem der Dampf aus den Ohren kommt!« Sie hat's verstanden und gesagt, sie macht es scharf. Und Frau Elser gleich: »Eine gewisse Schärfe ist auch sehr gesund. Wenn man es nicht übertreibt!«, und Herr Claussen: »Ich präferiere auch eher die pikante Note in der asiatischen Küche.« Muss man sich echt merken, ich »präferiere die pikante Note«, heftiger Shit, Alter!

Frau Severin fing dann an, dass die Kids mich wohl irgendwie nicht uncool finden, also, sie sagte: »Sie scheinen den Schülerinnen und Schülern sehr am Herzen zu liegen« und dass die wohl gerne mit mir abhängen, dass sie aber in ihrem Unterricht voll merkt, dass die so deutschmäßig nicht richtig viel draufhaben. Sie unterrichtet Englisch und meint, dass die Kids sich schon auf Deutsch krass unkorrekt ausdrücken und dass es dann schwierig sei, ihnen Englisch beizubringen. Ich meine, hallo!? Ich bin neu hier, ich hab doch den Shit nicht verbockt! Hab ich auch so gesagt. Herr Claussen hat gelacht und gesagt, ich soll den Kids »als Vorbild dienen« und meine »Gossensprache etwas herunterfahren«. Gossensprache? Digga, das ist mein Style, das ist keine Gossensprache! Und ich, MefYou-Babyboy, hab's mit dem Gelaber immerhin zum Lehrer gebracht – so what?

Alter, die sind mir dann immer mehr auf die Nüsse gegangen. »Sie sehen zu viele Filme mit den Kindern.« »Die Filme, die Sie zeigen, sind dem Alter der Kinder nicht angemessen.« »Welche Werte wollen Sie den Kindern vermitteln?« und so weiter. »Mann, ich weiß doch, welche Filme man gesehen haben muss, damit man in der Clique nicht durchfällt! Heidi reicht da einfach nicht!« hab ich gesagt, und: »Werte? Natürlich dass Adidas-Sneaker cooler sind als die von Aldi! Und dass man mit Freunden teilt und sie überhaupt super wichtig sind! Und Sie sind doch meine Kollegen und ich bin MefYou!«

Wir haben dann mit Apfelschorle angestoßen. Die nennen mich aber immer noch Herr Möller. Und keiner hat mir das »Du« angeboten. Verspannte Lehrer eben. Ich soll mir nichts draus machen, meinte Chris und hat sich wieder die Strähne aus dem Gesicht gepustet.

Krankes Verbot!

Ein Thema beim Mittagessen mit den Kollegen war auch: An der Schule herrscht jetzt Handyverbot. Das muss man sich mal vorstellen! Wovor haben die Angst? Dass die Kids sich zum Flashmob verabreden? Dass man auf der Reeperbahn keine Waffen dabeihaben darf, okay, verstehe ich, aber in der Schule kein Handy? Also, dabeihaben vielleicht schon, aber nicht benutzen. Viele lassen es deshalb tatsächlich zu Hause! Die halten sich da zum Teil echt dran, wie krass. Zum Glück gilt das nicht für Lehrer. Glaube ich jedenfalls.

Aber ich finde das echt mies, dass die Kinder ohne Handy in der Schule sein müssen. Man muss doch ständig was googeln, und natürlich erst recht im Unterricht, wenn der Lehrer was fragt. Und ich hätte es in meiner Jugend auch keine Minute ohne Handy ausgehalten. Es war doch auch 'ne Sicherheit! Wenn es zu Hause Stress gab, war es gut, dass ich meine Tutorin anrufen konnte. Und wenn es in der Schule Stress gab, konnte ich meine Freunde anrufen. Und wenn ich was gefragt wurde, in der Stunde, konnte ich meinen Joker anrufen. Und überhaupt, wie sollen die Kinder mich denn wecken ohne Handy nach der Stunde? Wie peinlich ist das, wenn mich keiner weckt und der nächste Kollege kommt in die Klasse und ich penne da seelenruhig? Und man braucht doch auch die Apps für alles Mögliche: zum Spielen, um zu gucken, ob es draußen regnet, und eine Taschenwärm-App für den Winter.

Außerdem hab ich ja auch was davon, wenn die meine YouTube-Videos gucken und die Klicks steigen. Aber immer schööön die Werbung durchschauen, Leute – sonst bringt das ja nix! Dann können die echt voll gerne ihr Handy im Unterricht benutzen. Und am besten noch 'nen Daumen und lustigen Comment dalassen! Der YouTube-Algorithmus mit diesem ganzen Feedback-Kram ist manchmal schon echt 'ne Bitch, immer musste um diese scheiß Daumen und Comments betteln, aber gut … isso.

Ich bin jedenfalls zu Herrn Bock und hab ihm gesagt, dass ich das mit dem Handyverbot übel finde. »Herr Bock, viele Kinder müssen ja auch zu Hause anrufen, und sagen, ich komme später, ich muss noch was wegen meinem Referat besprechen, oder so.« Und er dann so: »Herr Möller, sie können es ja außerhalb der Schule benutzen und telefonieren, so viel sie wollen, nur nicht im Schulgebäude und erst recht nicht während des Unterrichts. Es lenkt sie zu sehr ab und sie beschäftigen sich nicht mit den Themen, mit denen sie sich eigentlich beschäftigen sollen, oder sie stören die anderen Schüler, die mitmachen wollen.« Schüler, die mitmachen wollen? Vielleicht bei einem YouTube-Video-Dreh, o.k. Aber doch nicht beim Unterricht! Komische Ideen hat Herr Bock. In meinen Stunden haben die Kinder definitiv kein Handyverbot!

Dissen is nich

Gerade hatte ich angefangen, mir die Namen von den Bekloppten zu merken, da kommt schon ein Neuer in unsere Klasse. Mitten im Halbjahr. Vielleicht, weil wir nächste Woche den Schulausflug machen und er sich dann besser mit den anderen anfreunden kann. Oder weil er frisch umgezogen ist. Ramin heißt er. Er sieht krass brav aus, klein, mit Jackett und Brille. Schon eher ein freundlicher Typ, aber irgendwie heftig schüchtern. Komisch, seinen Namen kann ich mir voll gut merken. Vielleicht weil in meiner Wohnung, die mir die Frau vom Jugendamt vermittelt hat, nebenan auch ein Ramin wohnte. Der war zwar schon älter, aber ein cooler Dude. Unser Ramin hat so 'ne Hasenscharte, also der Mund ist irgendwie schief dadurch und ich hab' das Gefühl, das stört einige Kids.

Neulich haben wir ein bisschen Grammatik gemacht, weil das ja irgendwann wohl auch mal drankommt in irgendwelchen Arbeiten, und Frau Elser hat ja schon rumgemeckert von wegen dass meine Kids voll schlecht in Deutsch sind. Also haben wir heute mal

Zeiten gemacht. Ich hab mir Beispiele ausgedacht: »Ich disse, ich habe gedisst, ich hatte gedisst« und so weiter. Ich hab dann gefragt, was die Vergangenheit von »Ich werde gedisst« ist. »Ich war gedisst«, sagte Serpil. Und Saida hat sich natürlich auch gemeldet, die weiß so etwas wirklich, kein Wunder, bei den Hammer-Eltern … Aber ich wollte, dass es einer von den anderen, den Losern, weiß!

Ich habe Deborah gefragt, sie antwortete: »Ich bin gedisst.« Die sind ja doch dümmer, als ich dachte. »Mich disste jemand«, fiel dem kleinen Mario ein. Und dann rief einer, ich glaube, es war Kerim, »Frag doch Ramin, der kennt sich damit sicher aus, mit seiner Hasenschwarte!« Ey, Leute, da wurde ich echt derbe wütend. Wie heftig, die kleinen Scheißer! Alle mussten voll lachen, nur Ramin war natürlich kurz vorm Losheulen.

»Digger, das geht gar nicht. Jemanden dissen wegen irgendwas, wofür er nix kann! Ihr könnt mich kacke finden, weil wir nicht den Film gucken, den ihr sehen wollt oder so, aber nicht Ramin wegen seinem Aussehen! Was meint ihr, wie krass scheiße das manchmal ist, weil ich so aussehe, wie ich aussehe! O.k., ich bin ein heißer Dude, ich bin MefYou Babyboy, aber mit meiner Hautfarbe hast du's in 'nem Land mit lauter Milchgesichtern auch nicht immer so easy und die Hälfte von euch kennt das doch auch! Außerdem heißt das nicht Hasenschwarte, sondern Hasenscharte. Das ist nicht das Einzige, was du mit Joaquin Phoenix gemeinsam hast. Kennt ihr nicht? Mann, googeln, is'n mega cooler Schauspieler! Und jetzt erzähl mal der Klasse, wurdest du oft gedisst?«

Da hat Ramin 'ne Menge zu erzählen gehabt, Leute, echt krass. Schon im Kindergarten durfte er oft nicht mitspielen bei den »coolen« Kindern. Dabei ist er selbst so ein cooler Dude, unser Ramin. Er weiß, wie man eine Bombe baut, hat er erzählt. Das allerdings ist echt mal heftig. Vielleicht brauchen wir sein Wissen noch!

Ich glaube, inzwischen hat Ramin voll den Anschluss gefunden. Und nicht nur bei den Oberlosern. Irgendjemand hat sogar an die Wand vom Lehrerklo gekritzelt: »Ramin, i love you!« – wer kann das wohl gewesen sein?

Aua, Ausflug

Ich wollte den Kids mal was Besonderes bieten beim Schulausflug. Den Eltern haben wir gesagt, wir fahren ins Alte Land, so mit der Fähre nach Finkenwerder und dann weiter mit dem Bus und dann da rumlaufen und so. Also, einen scheißlangweiligen Ausflug hatten wir offiziell geplant. Alle fanden die Idee mega, nur die Kinder überhaupt nicht. Die waren echt angepisst, dass ich so eine lame Veranstaltung mit ihnen vorhatte. Nur ein paar haben gecheckt, dass ich das nur für die Erwachsenen so gesagt hatte, für die Eltern und meine Kollegen und natürlich für Herrn Bock. Nach und nach haben die Kids, die's geblickt haben, den anderen auch erzählt, dass ich eine krasse Action geplant habe.

Als dann endlich Ausflugstag war, hab ich mich mal echt beeilt und war sogar nur 'ne halbe Stunde zu spät. Wir haben uns an der Schule getroffen und sind mit der U-Bahn zum Hafen. Da gibt's ein altes Hafengelände, mit lauter leer stehenden Gebäuden und so. Da hatte ich ein paar Kumpels hinbestellt, die Parkour und Free Running machen. Und die haben den Kids ein paar Sachen gezeigt, das war mega heftig! Alex, Devil und Der Doc haben richtig geposed mit ihren Wahnsinnssprüngen!

Von einem Dach auf das nächste, über drei Meter breite Gassen in zehn Metern Höhe, es war richtig krass, Digger! Derbe heftig. Und alles mit einer heftigen Geschwindigkeit, ich kam kaum mit Filmen mit. Die Kids waren fett beeindruckt und haben erst auch nur gefilmt und Fotos gemacht, dann haben die ersten auch versucht, es den Chefs nachzumachen. Devil war voll süß mit den Kids, er hat Kerim mit aufs Dach genommen, erst mal nur auf ein drei Meter hohes, und hat ihm dann gezeigt, wie er springen muss. Und Alex hat Shannon gezeigt, wie sie sich an einem alten Stromkabel über so einen Berg Elektroschrott schwingen kann.

Hat auch ganz gut geklappt, nur beim Ankommen auf der anderen Seite hat sie zu früh losgelassen, hat das Gleichgewicht verloren und ist dann nach hinten gekippt in den Schrott. Sie hatte ein paar Schürfwunden und so, aber das hat die anderen nicht abgehalten, auch etwas zu probieren. Deborah war leider zu schwer für das Kabel und ist sofort abgestürzt, bevor sie überhaupt losgesprungen ist, zum Glück aus einer niedrigen Höhe, vielleicht von einem Meter. Trotzdem hat sie geschrien wie am Spieß, bis ich ihr ein bisschen Wodka eingeflößt habe, den ich für Notfälle wie diesen mitgenommen hatte. Sie fragte, ob ich nicht auch Erdbeer-Lime dabeihätte, den mag sie lieber – also, so schlimm war's wohl nicht.

Kerim wollte nach seinem ersten echt schon ziemlich heftigen Sprung immer höher hinaus und die anderen haben ihn angefeuert. Ali ist gleich beim ersten Sprung etwas unsanft aufgekommen und hat sich wohl irgendwie den Knöchel umgeknickt und Mustafa hat Serpil beim Aufkommen nach einem echt stabilen Salto versehentlich ein blaues Auge verpasst. Die Beule an Kathleens Kopf ist ganz schön groß; sie hat eigentlich nur gefilmt, wollte aber ganz nah dran und dann ist ihr ein echt nicht sooo großes Stück Mauer auf den Kopf geflogen, na ja, Shit happens.

Richtig schade war, dass Kerim beim zehn-Meter-Sprung die andere Hausmauer verfehlt hat, sich gerade noch an einem Regenrohr festkrallen konnte, dieses aber dann blöderweise nach hinten weggebrochen ist. Ein Glück ist er in 'nem Busch gelandet. Aber im Film sieht das bestimmt mega aus, wenn ich das alles richtig zusammengeschnitten habe. Dafür haben sich die Schürfwunden und Prellungen echt gelohnt, sagt Kerim. Und die Kinder haben voll was mitgenommen:

»Körperbeherrschung ist heftig wichtig! Sport ist nicht nur Schwimmen und Fußball, und es ist krass gut, sich zu bewegen!« Ich denke mal, sie haben 'ne Menge gelernt bei unserem Ausflug. Und Alex, Devil und Dem Doc hat's auch Megaspaß gemacht. Korrekter Tag, Digger.

Herrn Bock hab ich erzählt, dass die Kinder sich beim Fußballspielen auf 'ner Wiese im Alten Land verletzt haben, weil sie relativ unsportlich sind, weil sie zu wenige Sportstunden haben. Außerdem muss an unserer Schule mehr Fußball gespielt werden! Ich hatte dann die Idee eines Fußballspiels Lehrer gegen Schüler. Fand er super und wir fangen bald an zu trainieren.

Der Bock im Unterricht

Ich wollte heute in meine Klasse, da höre ich auf dem Weg da hin, kurz vor dem Klassenzimmer, dass ich nichts höre. Und ich war zehn Minuten zu spät, da sind eigentlich schon immer die meisten da. Aber gar keine Geräusche – das ist strange, normalerweise höre ich meine Klasse schon unten in der Aula.

Also, dachte ich, kommen die Kinder wohl noch später, da kann ich mir noch eine Milchschnitte aus dem Automaten ziehen, hab also wieder abgedreht. Da ruft Herr Bock: »Herr Möller, wo bleiben Sie denn, wir warten!« Scheiße, Mann, wo kam der denn her? Das wurde mir schnell klar, er war in meiner Klasse. Er wollte einen »Unterrichtsbesuch« machen, »routinemäßig«. Checkst du? Er wollte bei mir im Unterricht drin sitzen und zugucken, wie ich meinen Schülern was beibringe! Das wollte ich wenigstens filmen, aber er war dagegen. Er meinte, ich brauche eine Drehgenehmigung, wenn ich in der Schule filme. Hallo? Was soll denn der Scheiß! Ich unterrichte hier! Na gut, ich hab's also gelassen mit dem Filmen und hab mit dem Unterricht angefangen. Es war total gruselig, weil die Kinder alle so still waren, wegen Herrn Bock hinten drin.

Die Kids sollten erst ihre Hausaufgaben vorlesen, eine Nacherzählung von einem Film, den wir letztes Mal gesehen hatten. Natürlich hat sich Kathleen sofort gemeldet, schließlich war das einer ihrer Lieblingsfilme. Um ehrlich zu sein hat sich nur Kathleen gemeldet. Wie immer eigentlich. »O.k., Kathleen, willst du der Klasse und Herrn Bock vorlesen, welchen Film wir angeschaut haben?«, habe ich freundlich gefragt. Aber Kathleen hat sich plötzlich ganz nervös umgedreht und gesagt: »Ach, Scheiße, hab ich voll vergessen, dass der Typ ja drinsitzt! Nee, dann les ich vielleicht lieber nicht, oder, Herr Möller?« Sofort hat sich Herr Bock eingeschaltet: »Doch, mein Kind, lies ruhig. Und ich bin nicht »der Typ«, ich bin dein Schuldirektor!«

Ich: »Äh, ja genau, das wollte ich auch gerade sagen.« Verdammt, jetzt tut der so, als wäre das seine Klasse, checkst du's? Und Kathleen hat angefangen vorzulesen: »Ersma: Heftig krasser Film, Leute. So mit

Blut und allem und so. Also, ein Mädchen ist drogen-
süchtig und will einen kalten Entzug machen, voll ent-
ziehen halt, alleine, aber sie wird dann im Wald von Dä-
monen besessen und sie schneidet sich die Zunge krass
auf und am Schluss sind alle tot, wegen duschen mit
kochendem Wasser und Nagelpistole und ...« »Danke!
Das genügt!«

»Herr Bock, ist was mit Ihrem Blutdruck, Sie sind
wieder ganz rot ...« Herr Bock war aufgestanden und
hat gesagt, so geht das nicht, was ich denn mit den
Kindern mache, ich sei ja verrückt, den Film hat er mit
seinem Sohn geguckt, weil sein Sohn ihn alleine nicht
gucken wollte, er hätte es ja fast nicht ausgehalten, und
so einen Film könnte man nicht mit Kindern gucken
und so weiter. Ich hab ihn gefragt, ob er überhaut weiß,
welchen Film wir geguckt haben. Und er so: »Natürlich! Das Remake von Evil Dead!« Dann ist er raus und
hat gesagt, ich soll mich bei ihm melden. Er müsse mit
mir reden. Krass. Dass Herr Bock solche Filme kennt,
finde ich voll cool. Vielleicht will er von mir noch ein
paar Filmtipps ...

Lehrerkonferenz ab 18

Herr Bock macht sich Sorgen um die Kids. Deshalb hat er eine Lehrerkonferenz einberufen. Ausgerechnet an einem Mittwochnachmittag, wo ich eigentlich frei habe. Voll asi. Da ist doch niemand in der Schule! Das hat er bestimmt mit Absicht gemacht!

Ich hatte keinen Plan, was man so macht auf einer Lehrerkonferenz, und wollte eigentlich filmen, weil die Schüler das bestimmt auch interessant finden. Aber Herr Bock hat gesagt, ich soll die Kamera ausmachen. »Das mache ich für unsere Schüler, die wollen doch auch wissen, was bei uns Lehrern so geht! Vielleicht wollen sie dann auch Lehrer werden!« »So ein Lehrer wie Sie vielleicht!«, hat Herr Claussen dann gesagt, der Arsch. Er klang voll abgetörnt. O.k., dann eben kein Film für meinen YouTube-Channel.

Es war richtig lame auf der Konferenz. Im Lehrerzimmer! Weil in der Tiefgarage keine Stühle stehen, oder warum ging's nicht noch ungemütlicher? Niemand wollte mitkommen in den »Kiosk bei Eko«, meine Stammkneipe um die Ecke. Und dann Herr Bock so: »Immer wieder werden Schüler und Schülerinnen in den Pausen mit Zigaretten und Alkohol erwischt, obschon sie das Mindestalter für den Konsum noch nicht erreicht haben. Wir müssen etwas dagegen tun! Und irgendwie kommen die Kids ja auch an diese Sachen. Wir müssen die älteren Schüler dafür sensibilisieren, dass sie den jüngeren keine alkoholischen Getränke und Tabakwaren besorgen!«

Genau, da stimme ich ihm zu! Die versauen mir ja das Geschäft! Dafür bin ja wohl ich weiterhin zuständig und verdiene ordentlich Provision! Hab ich natürlich nicht laut gesagt, mich nur extrem dafür ausgesprochen, dass den Schülern, die beim Verticken von irgendwelchem nicht altersgemäßen Zeug erwischt werden, harte Sanktionen drohen. Ich hab dann auch noch vorgeschlagen, dass wir unten vor der Aula einen Automaten aufstellen mit Bier und Cola und daneben direkt einen Zigarettenautomaten. Weil wir so den Konsum kontrollieren können. Ich fänd's cool, dann könnte ich mich da auch eindecken. Aber, Alter, wie asi, außer mir waren alle dagegen! Sogar Chris hat mich angeguckt, als hätte ich nicht mehr alle Latten am Zaun.

Wir sollen stattdessen im Unterricht mehr über Alkohol und Tabak machen! Bilder von kaputten Lungen zeigen und von Unfällen wegen Alkohol. Wie krass ist das, bitte? Und dann haben die was dagegen, wenn ich denen im Unterricht »Das Haus der lebenden Leichen« zeige? Das ist doch crazy! Echt strange.

»Ich werde solche Bilder nicht zeigen! Davon können die Kids ja Albträume kriegen! Das ist ja voll realistisch! Ich möchte meine Schüler nicht traumatisieren!« Jetzt hat Chris mich wieder ziemlich bewundernd angeguckt. Ich hab nämlich selbst total Schiss vor solchen Bildern. Kann ich echt nicht angucken. Da muss ich den Porzellanbus fahren. Sorry. Muss aber ja nicht jeder wissen …

Dealer gesucht

O.k., inzwischen wird also alles, was irgendwie mit Zigaretten und Alkohol zu tun hat, noch stärker geahndet an der Schule. Aber über Gras haben wir nicht gesprochen. Klar wär's schlau gewesen, erst mal Deborah zu fragen, ob sie 'ne Quelle hat. Weil, sie hat ja auf jeden Fall eine, schließlich vercheckt sie ja wohl ganz ordentlich. Erst gestern ist sie mit neuen Nikes in die Schule gekommen, und das war 'ne Special Edition. Aber eben weil sie selbst mit Dope dealt, kann ich sie ja schlecht fragen, woher sie ihren Stoff bekommt. Also hab ich erst mal bei den Typen rumgefragt, zuerst Mario: »Ey, Digga, was geht?« »Gar nichts, Herr Möller.« »Ähm, hast du gehört, dass Twentyone im Knast ist?« »Wer ist das, Herr Möller?« Ich musste lachen. Mario kann sich so gar nicht verstellen. »Twentyone ist ein krasser Checker, checkst du's?« »Ich verstehe Sie nicht, Herr Möller.« Boah, der war aber 'ne harte Nuss oder extrem schwer von Kapee.

»Von wem kriegst du dein Dope?« Er sah mich total verschreckt an. »Ich nehme keine Drogen!« »Ich meine auch keine Drogen, ich meine was zum Rauchen, Pot, Shit, Haschisch, Marihuana, Mary Jane – Dope eben … Wer ist dein Dealer? Ich brauch was.« »Ernsthaft, jetzt, Herr Möller, ich nehme so was nicht. Mir wird schlecht davon.« »Und vercheckst du es denn?« »Nein, Herr Möller.« »O.k., geh babysitten, du Lauch!«

Entweder war es wirklich so, oder er hat mir einen vom Pferd erzählt, keinen Plan. Aber vielleicht war Mario tatsächlich nicht die beste Wahl. Ich also zu Kerim: »Ey, Kerim, hast du was zu rauchen?« Er sofort: »Nee, Sie?« Ich: »Würde ich dann fragen? Twentyone ist im Knast.« »Habsch gehört. Haben Sie 'ne andere Quelle?« »Nee, du?« »Nee, Sie?« »Nee, hab ich nicht. Du?« »Leider nein. Sie?« So ging das noch circa zwanzig Mal hin und her. Bis ich keine Geduld mehr hatte: »Kerim, Bruder, du verschweigst mir doch was?« »Nee. Sie?« »Nein, Kerim. Du?« »Ich schwör: Nein! Sie etwa?« Noch mal zwanzig Mal. Krasses Gespräch, hätte ich filmen sollen. Irgendwann bin ich dann gegangen. Zu Deborah.

»Hast du was zu rauchen?« Sie hat gerade an irgendeinem fetten Lipgloss gelutscht, mega eklig. Fand sie wohl auch. »Bäh, der ist ja heftigst ekelhaft! Dabei riecht der voll gut nach Kirsche!« »Ich hab dich was gefragt. Wer ist dein Dealer?« »Twentyone wohl nicht. Der ist im Knast«, hat sie geantwortet und gleich daraufhin zurückgerudert. »Wer will das wissen? Ich weiß überhaupt nicht, wovon Sie sprechen, Herr Möller.« »Ey, Deborah, wieso nennt dich eigentlich niemand Debby oder Deb oder so?« Da hat sie gedabbed. Und hat mich einfach stehen lassen.

Lola

Zum Glück gibt's ja noch anderes, was einen high machen kann … Lola heißt sie. Sie ist wirklich hot. Übertrieben hot. Und dann zieht sie noch diese unnormal heißen Klamotten an. Aber wahrscheinlich sieht sie in einfach allem unfassbar gut aus. Und: Sie hat extrem kleine Füße. So kleine Füße wie diese Chinesinnen, denen man die Füße abgebunden hat, damit sie klein bleiben. Lotosfüße. Hätte von mir sein können, die Idee. Würde ich mit meinem Girl auch machen … Nein, nur Spaß, ich stehe einfach auf kleine Füße, ich weiß nicht, hab ich das schon erzählt?

Und sie hat nicht nur Schuhgröße 36, höchstens, sondern sie trägt auch mega enge T-Shirts und kriegt ihre Jeans wohl aufgemalt. Am liebsten würde ich sie fragen, ob ich ihr morgens die Jeans aufmalen darf … Oh, Digger, ich hab noch gar nicht erzählt, von welchem hotten Chick ich da laber: Es ist eine neue Referendarin. Heute kam sie so in meine Klasse und ich schwör, den ganzen Jungs sind fast die Augen rausgeploppt. Ich hab sie dann vorgestellt: »Das ist Frau Fernandez und sie sitzt ab jetzt ab und zu mit im Unterricht.« Ich hatte mir das auf einen Zettel geschrieben und abgelesen, weil ich voll Angst hatte, dass ich irgendwas mit Backpack-Action und krass scharfe Bitch erzähle.

Ernsthaft, ich konnte mich nicht konzentrieren im Unterricht, und dabei wollte ich ja ein bisschen posen und ihr zeigen, dass ich ein echt heftiger Lehrer bin, schließlich will ich sie ja die Tage klarmachen, also ich meine, sie zu 'nem romantischen Date einladen und so. Kochen für sie. Chicken Wings und Chips oder so mit 'nem heftig leckeren Dip, Alter. Oder mega romantisch auf 'ne Currywurst einladen, wenn's sein muss auch auf 'ne Biocurrywurst zum Schmidt – keine Ahnung, wie sie drauf ist. Sieht jedenfalls nicht aus wie so 'ne Öko-braut.

Die Kinder waren krass überrascht, dass ich einen auf richtig Unterricht gemacht habe. So mit Recht-schreibung checken und so. Ich hab sogar ein Diktat ge-macht mit ihnen, ein Übungsdiktat natürlich. War jetzt nicht so mega vorbereitet, also hab ich ihnen was aus der Bildzeitung diktiert, aber keine Politik, die Namen der Politiker sind zu schwer für die Kids, lieber was anderes, war gar nicht so leicht, einen etwas längeren Artikel zu finden, also: »Huch, wo hab ich denn mein Höschen?«, fragt sich die gelernte Bürokauffrau Jessi-ca (24), als ihr Chef sie in sein Zimmer ruft. Aber an einem so sonnigen Tag ist es vielleicht ganz angenehm, nur einen kurzen Rock anzuhaben …«

O Mann, es war vielleicht nicht meine beste Idee gewesen, diesen Text auszusuchen, mir wurde heiß und kalt und ich hab mir die ganze Zeit Lola dabei vor-gestellt. Die fand das anscheinend auch nicht so lustig, sie hat mich heftig enttäuscht angeguckt. Hinterher haben wir zusammen durchgeguckt, was die Kinder geschrieben haben. Das war richtig funny: »Huh, wo hab ich den main Hosschen fragt sisch die geleernte,

Byrokaufrau Dschessika Vierundzwanzig als ier Scheff sie in sein Tsimmer ruhft« usw. Es war wirklich grottig und Lola hat mir recht gegeben, dass ich nicht gleich mit 'nem heftig schweren Text das Diktat gemacht hab. Ihr Haar duftete so krass nach Pfirsich, aber nicht nach Chemie, sondern echt voll nach echtem Pfirsich und ihr Rock war noch kürzer, als sie neben mir saß, und es gab voll Igelnasen-Alarm unter ihrem T-Shirt, dabei war es 0,0 kalt, muss wohl an mir gelegen haben. Keine Ahnung, wie ich das in den nächsten Stunden überleben soll …

L-O-L-A

Mir fällt echt nichts mehr ein. Nicht mal irgendein Quatsch, den ich mit den Kindern machen kann, wenn sie hinten drin sitzt. Und ich hab keine Ahnung, ob sie einen Typen am Start hat.

Was soll ich tun? Und neulich gab's 'ne kleine Lehrerkonferenz zum Thema Aufklärung und Aids und andere Geschlechtskrankheiten, darum soll es jetzt im Bio- und im Deutsch-Unterricht und in Erdkunde gehen! Wie soll ich das machen mit dieser heißesten Frau seit Ausbruch des Aetna? Ich bring das nicht. Für heute sollten die Kids ein Referat vorbereiten zum Thema Freundschaft, krass wichtiges Thema. Von da wollte ich so über das Thema Spaß haben und Girls abchecken und Typen heißmachen (für die Girls, natürlich) auf dieses Lauch-Thema Verhütung und so kommen. Aber erst mal lange rauszögern und über Kollegen und Freundschaft labern.

Nurgül hat dann angefangen und einen freien Vortrag gehalten zum Thema »Freundschaft zwischen Jungs und Mädchen« und ob das geht. Ich war mega gespannt, was sie dazu wohl sagt. Und sie so: »Freundschaft ist ohne Zunge! Das ist meine Überschrift.« Und ich so: »Aber Nurgül, du liest doch gar nicht!« Und sie: »Manno, Herr Möller, isch hab das voll auswendig gelernt! Unterbrich mich nicht, Herr Möller, du Lauch! Also, wenn du mit einem Jungen befreundet bist, dann geht das nicht, wenn du in ihn verliebt bist. Weil, dann ist das voll keine Freundschaft. Und der Typ will vielleicht mit Zunge küssen, du musst aber einfach ganz schnell den Kopf wegdrehen, dann küsst er nur die Wange, vielleicht auch mit Zunge, aber das kannst du abwischen, mit dem Ärmel, wenn du was Langärmliges anhast. Im Sommer, nur mit Top, ist schwieriger …«

Ich hab gefragt, was denn eine Freundschaft zwischen Junge und Mädchen noch ausmacht, ich meine, klar weiß ich das, ich würde Chris ja auch eher als Freundin sehen, weil sie cool ist. Aber sie sieht auch gut aus und klarmachen würde ich sie wahrscheinlich schon gern irgendwann, ich meine, so backpack-action-mäßig, wenn sie da auch Bock drauf hätte, aber erst mal noch nicht, schließlich sind wir befreundet. Vielleicht findet sie's aber ja auch voll asi, dass ich nichts probiere bei ihr, das wäre uncool, wenn sie denken würde, ich finde sie nicht hot oder so. Na ja, erst mal auf den Unterricht konzentrieren, ist schwer genug.

Nurgül hat dann gesagt: »Na ja, Jungs sind manchmal stärker als wir Girls und sie können uns was hochtragen. Und wenn ein anderer Junge sagt: Hey, Nurgül, du fette Schlampe!, dann kann ein guter Freund dem Jungen aufs Maul hauen.« Ich würde auch jeden verkloppen, der Chris beleidigt! Also, da hatte Nurgül voll recht! »Super, Nurgül, du kriegst 'ne Eins für dein Referat!«, hab ich gesagt. Die ganze Zeit hab ich versucht, Lola hinten im Raum nicht anzugucken, weil ich bei ihr absolut nicht an Freundschaft denke, sondern an ganz andere Sachen …

Aber sie kam hinterher zu mir und hat gesagt, dass in einer Freundschaft doch noch ganz andere Sachen wichtig sind wie Vertrauen und Verlässlichkeit und so und dass sie Nurgüls Vortrag ein bisschen kurz fand und so. Ich fand Lolas Rock wieder extrem kurz, aber das hab ich nicht gesagt. Ich würde sie so gern mal zum Essen einladen, aber ich habe voll Schiss davor, dass sie Nein sagt oder was von Freundschaft faselt … Die Frau macht mich echt total fertig, die kann doch nicht mit so wenigen Klamotten in meinem Unterricht sitzen.

Rette mich, Herr Bock!

Ich gehe jetzt regelmäßig mit Chris zum Mittagessen. Sie meinte neulich, ich sei irgendwie verändert, nicht sehr gechillt. Sie hat recht, aber ich konnte ihr ja wohl schlecht erklären, woran das liegt!

Es ist echt, als würde ich mit einem heißen, nackten Girl auf den Leib gebunden Unterricht machen müssen. Ich kann mich voll nicht konzentrieren und drehe fast durch. Und jede Stunde Film gucken geht auch nicht, da ist es zwar wenigstens dunkel, aber ich sitze dann hinten bei ihr, Lola, und dann rieche ich nur noch ihren Pfirsichduft und denke an die Igelnasen. Da hab ich ja auch nix vom Film. Die Frau ist so heiß, wenn die am Getränkeautomat vorbeigeht, verdampft da drin alles. Ich wusste einfach nicht, was ich machen sollte, und bin zu Herrn Bock.

Ich hab gesagt: »Herr Bock, Lola Fernandez, die Referendarin, haben Sie nicht was zum Anziehen für die?« Und er so: »Was haben Sie an Frau Fernandez' Kleidungsgeschmack auszusetzen? Und überhaupt, warten Sie bitte draußen, ich habe gerade noch dieses Elterngespräch. Hat Frau Steffens Sie reingelassen?« Klar hatte die alte Steffens mich nicht durchgelassen. Sie hatte was von »Herr Bock ist beschäftigt!« gefaselt und gesagt, sie lässt mich rein, wenn er Zeit hat. Aber das hat mich nicht gejuckt. Sie ist auf den uralten Trick reingefallen. Ich hab aus dem Fenster gezeigt und gerufen: »Boah, Alter, was ist das? Da, auf dem Dach? Die will doch nicht springen? Oder ist es ein Junge?« Und Frau Steffens natürlich sofort zum Fenster gerannt und ich schnell reingeschlüpft zum Rektor. Die Eltern, die da drin saßen, standen zum Glück auf und die Frau sagte: »Wir wollen sowieso gerade gehen« und sie sind rausgegangen. Ich hab also Herrn Bock angefleht: »Sie muss sich mehr anziehen! Wenn sie bei mir im Unterricht sitzt! Ich meine, wie viele Kollegen und Eltern beschweren sich über mich, da kann ich mich ja wohl auch mal über eine Kollegin beschweren!«

Herr Bock war voll am Seufzen und ließ mich wissen: »Herr Möller, wenn Ihnen an Frau Fernandez etwas missfällt, dann beschweren Sie sich doch bei ihr! Was soll ich denn da machen? Ich kann ja schlecht zu ihr hingehen und sie bitten, sich weitere Kleidung anzuziehen und nicht diese extrem knappen Jeans, in die sie eingenäht zu sein scheint, oder Röcke, die man mit einem Nierengurt verwechseln könnte, würde sich nicht ihr griffiger, kleiner, nun ja, ihr … Gesäß wie eine pralle, saftige Pflaume – äh, entschuldigen Sie bitte«, er räusperte sich und raunte mir dann zu: »Sie ist nur noch diese Woche hier. Dann müssen die an der Ida-Ehre-Gesamtschule in Hoheluft-West mit ihr klarkommen. Aber ich habe nichts gesagt!«

Puh, da war ich heftig erleichtert. Und gleichzeitig irgendwie auch heftig enttäuscht. »Warum geht sie?« »Ihr Mann arbeitet dort und sie will mit ihrem Mann an derselben Schule sein. Vielleicht ist diese Information ja auch hilfreich für Sie!«, hat Herr Bock dann noch gesagt und mich gebeten, ihn weiterarbeiten zu lassen. Das war krass, aber auch echt gut für mich. Diese Woche halte ich noch durch!

Lola, ich und die Banane

Ich weiß selbst, dass es dämlich ist und voll Klischee, Alter, aber ja, ich habe für diesen verkackten Aufklärungs-Aids-Unterricht 'ne Banane dabeigehabt. Beziehungsweise hab ich die von 'nem kleinen Mädchen in der Pause geliehen, weil die damit blöd rumstand und sie noch nicht aufgemacht hatte. »Kriegst du nachher wieder!«, hab ich gesagt und schwups, ihr aus der Hand genommen.

Lola fand das Thema total wichtig und wollte unbedingt mit mir vorne Unterricht machen. Sie trug so eine rosafarbene Yoga-Pants und sah echt aus, als wäre sie nackt untenrum, bis auf ihre Overknees. Zum Glück hatte sie zumindest obenrum was Weites an.

Lola fing an: »Wenn ihr so weit seid, dass ihr die Beziehung mit eurem Partner oder eurer Partnerin auf eine andere Ebene führen wollt und merkt, dass ihr ihn oder sie begehrt und mehr wollt als küssen und streicheln, dann solltet ihr euch immer im Klaren sein, dass ungeschützter Verkehr Risiken mit sich bringt.«

Ramin rief: »Was labert die, Herr Möller?«, und

auch die anderen schienen es nicht so ganz gecheckt zu haben, also musste ich erklären: »O.k., Leute, ernstes Thema heute, ihr könnt euch heftige Sachen holen, wenn ihr wild in der Gegend rumvögelt oder auch nur einmal, wenn ihr die Bitch nicht kennt, mit der ihr's macht, oder auch den Typen.«

»Küssen geht, oder?«, rief der kleine Mario. »Mann, das weiß doch jeder!«, antwortete Mustafa genervt, »Kommt drauf an, wo du knutschst!« »Wie, wo? Im Bus anders als auf Schulhof, oder was?« »Nein, ich mein, aufs Knie ist kein Problem, aber weiter oben schon!« »Wem küssisch denn auf Knie?« So riefen die Kinder durcheinander. Und Lola beschwichtigte sie: »Du da, wie heißt du?« »Mario« »Du hast vollkommen recht mit deiner Frage, Mario. Ja, Küssen geht, auch ein intensiver Kuss …« Sie guckte in fragende Gesichter, überlegte es sich anders und sagte: »Du kannst deinem Girl oder deinem Typen die Zunge bis zum Zäpfchen reinstecken, ohne dass etwas passiert. Nur sobald andere Körperflüssigkeiten ins Spiel kommen, solltest du dich schützen. Mit einem Kondom.« Ich habe übersetzt: »Alles untenrum nur mit Gummi!«

»Und wie man ein Kondom benutzt, zeigen wir euch jetzt«, erklärte Lola unvorsichtigerweise, denn sofort fingen die Kids an zu grölen: »Ausziehn, ausziehn!« »Ey, ihr Vollspacken, wir ziehen uns nur aus, wenn ihr dafür bezahlt!«, hab ich klargestellt. Deborah hatte anscheinend gerade ein gutes Geschäft gemacht, denn sie wedelte sofort mit 'nem Fuffi: «Au ja, ausziehn, Herr Möller, und dann machen wir 'nen Film und posten den!« Lola guckte voll erschreckt und ich hab sie beruhigt und meine Banane aus der Tasche gezogen. Ich meine, diese echte Banane von dem Mädchen. Es war krass heftig für mich, als ich die dann gehalten habe, während Lola die Lümmeltüte drübergezogen hat. Zum Glück waren die Kids selbst auch außer Rand und Band und es war so viel Alarm, dass es irgendwie okay vorbeiging.

Checker und Loser

Ich war froh, als das Aufklärungsthema vorbei war und wir uns den wichtigen Dingen zuwenden konnten: Fußball. O.k., Leute, für mich war einfach klar, dass ich bei einem Fußballspiel »Schüler gegen Lehrer« auf der Schülerseite mitspiele. Ich meine, ich will doch nicht bei den Losern dabei sein! Ich habe null Chance, irgendwas zu reißen mit so Leuten wie Herrn Bock, Herrn Egerding und Herrn Claussen! Die haben doch noch nie einen Ball gesehen und halten eine Schwalbe für einen Meeressäuger oder so.

Da spiel ich echt lieber mit den Coolen. Mit Ali, der sieht schon aus wie Mesut Özil, und mit Ahmad und Mustafa, Ramin und Kerim aus meiner Klasse. Hab ich den Kollegen auch so gesagt. Und die haben voll rumgepolkt, dass das nicht geht und es heißt »Schüler gegen Lehrer«, und ich hab gesagt, dann nennt es eben nicht so, sondern nennt es »Checker gegen Loser«!

»Dieses Spiel soll ein vergnüglicher Wettbewerb außerhalb des schulischen Rahmens sein, ein Wettbewerb zwischen Lehrern und Schülern, die währenddessen alle dasselbe sind, nämlich Fußballer.« So hat Herr Bock das in der Minilehrerkonfi erzählt. Boah, »alle dasselbe« am Arsch! Wenn die alten Herren noch dabei sind, sich von ihren Krankenschwestern auf den Platz tragen lassen oder ihre Rollatoren vors Netz schieben, hab ich mit meinen Jungs doch schon zwanzig Tore reingemacht! Echt, das werden so Handball-Ergebnisse, jedenfalls auf unserer Seite! Ich hab voll kein Bock, mit den Senioren auf dem Feld rumzuschleichen und denen, damit sie vorbereitet sind, 'ne halbe Stunde vorher eine SMS zu schicken, weil ich vorhabe, sie anzuspielen. Das ist doch wohl voll Lauch!

Strange fand ich allerdings, dass die Jungs aus meiner Klasse gefragt haben, ob ich mit ihnen ein bisschen Fußball üben kann. Ali meinte, er raucht so viel, dass er im Schulsport immer Probleme mit der Kondition hat, selbst wenn wir nur Geräte machen. Und Mustafa meinte, er geht zwar pumpen ins Studio, Ausdauertraining macht er aber erst seit gestern. Und Ahmad und Kerim wollten die Regeln noch mal wissen … O Mann. Vielleicht war das doch etwas voreilig. Ich muss mit den Jungs wohl noch mal richtig üben. Aber das Spiel ist in drei Tagen!

Auf jeden Fall hat Bock wegen der Unterschriften

und der Kommentare auf meinem Kanal dann zuge-
stimmt, dass ich bei den Kids mitspiele. Er will schließlich nicht als Oberlauch dastehen an unserer Schule. Ich
bin aber inzwischen echt voll nicht mehr sicher, ob das
die krass-coole Idee von mir war ... Ab jetzt mach ich
Unterricht nur noch auf dem Platz.

Wer übt, kann was

»Aber Herr Möller, der Platz ist so riesig, wie sollen
wir das zweimal 45 Minuten aushalten, hier rüber-
zurennen?« »Herr Möller, kann isch misch nisch einfach hier drüben hinstellen und dann immer nur aufs
Tor schießen?« »Herr Möller, vielleicht tun Sie lieber
die anderen anspielen, das tut doch weh, so doll stark
wie Sie da gegentreten ...«

O Mann. So ging das die ganze Biostunde durch.
Die Mädchen, die mitgespielt haben, waren echt cooler
drauf als die Jungs. Ich hab sie angefleht, bei dem Spiel
in zwei Tagen mitzumachen, aber sie hatten Angst um
ihre Schminke, Nägel und Frisuren. Keine wollte mitmachen. Die Jungs haben zwischendurch immer wieder
versucht, ins Spiel zu kommen, aber sie waren heftig
schlecht. Und dann kam auch noch Herr Bock und
fragte mich: »Herr Möller, Sie haben doch jetzt eine
Biologiestunde mit Ihrer Klasse, was machen Sie hier
draußen auf dem Sportplatz? Und warum haben Sie
Herrn Claussen erzählt, der Sportplatz sei gesperrt we-

gen Asbestverdacht, und ihm angeboten, er kann heute Sporttheorie im Biosaal machen?«

Meine Güte, ist der so doof, oder will der das wirklich wissen, hab ich mich gefragt. Das Gespräch mit dem Bock kostete zu viel Zeit, die hätte ich eher zum Üben gebraucht! Ich hab also gesagt, ich komme später im Rektorat vorbei und wir haben weitergeübt. Insgeheim hab ich ja den Verdacht, dass Herr Bock nur unsere Spieltaktik rauskriegen wollte.

Zwei Tage später war also das Spiel. Enno, einer aus Frau Severins Klasse, wurde mordsmäßig gehypt, schon im Voraus. Alle so: »Enno wird beobachtet von einem Agenten vom DFB. Der kommt bestimmt bald bei denen in die U16-Auswahl.« Okay, ich war natürlich froh, dass wir schon mal einen guten Mann außer mir hatten.

Blöd war nur, dass Enno der Einzige außer mir war. Und blöd war auch, dass ich erst in der Halbzeitpause erfahren habe, dass Herr Bock und Herr Egerding zusammen in der Altherrenmannschaft vom SC Victoria spielen und Herr Claussen und zwei andere, die ich nicht kenne, jeden Sonntag zusammen im Stadtpark spielen. Außerdem kann Chris richtig gut kicken!

Das alles hab ich gemerkt, weil ich mit meinen Vollhonks sehr schnell 16:1 hinten lag. Enno kann zwar richtig gut spielen, aber einer reicht nicht, denn selbst ich habe gespürt, dass die Zeit beim HSV schon eine ganze Weile her ist. Und die Jungs aus meiner Klasse sind einfach richtig schlecht. Ich hatte echt keine Ahnung! Und köpfen tun sie gar nicht! Einmal passe ich zu Ahmad, er kriegt sogar den Ball, schießt ihn hoch, direkt in Richtung Kerim, der vor dem Tor steht, kein Abseits, und er müsste ihn nur gediegen reinköpfen, da lässt der ihn nur abperlen und – zack– hat Herr Egerding das Leder!

Ich schreie: »Warum hast du den nicht geköpft?« Er schreit nur zurück: »Meine Frisur!« Hinterher hat er mir erklärt, wie aufwendig sein Undercut gestylt wird und wie viel Haarspray er braucht und dass er außerdem unheimlich Angst vor einer Gehirnerschütterung hat und deshalb grundsätzlich nicht köpft. O Mann. Was für eine Gurkentruppe! 23:2, das darf man keinem erzählen. Muss man auch nicht, haben genug mitbekommen. Immerhin hab die beiden Tore ich geschossen.

Nur ein Spiel

Ja, es ist cool, dass wir nicht nur strengen Unterricht machen müssen, sondern dass auch Zeit für Fußball und Schauspielerei bleibt. Chris will jetzt übrigens bei der Theater-AG mitmachen. Sie meinte, es wäre gut, wenn man auch aus Frauensicht Stücke aussucht. Ich hab voll Bock, das mit ihr zusammen zu machen.

Ich hab gefragt: »Sag mal, Chris, wunderst du dich nicht, dass wir nur so wenige sind in der Theater-AG?«, und sie antwortete völlig gechillt: »Nö. Sind doch Extrastunden. Wer will das schon? Außerdem sind manche krass gehemmt, wenn sie was vor Leuten machen müssen.« Verstehe ich. Geht mir nicht so, schließlich hab ich einen eigenen YouTube-Kanal, das würde ich ja nicht machen, wenn ich die Buxe voll hätte.

Chris hat vorgeschlagen, dass wir Loriot-Sketche spielen. Die kennt zwar heute keiner mehr, aber alle fanden die Idee sofort supercool: Ahmad sagte, er will ein Maschinengewehr und Shannon will die Leiche spielen. Und Kerim möchte nicht mitspielen, sondern nur für Special Effects zuständig sein. Chris hat nur gelacht und Kopien mit Sketch-Texten ausgeteilt und jeder sollte sich die durchlesen. Ich meine, ich weiß echt voll nicht, ob das ’ne krass coole Idee ist. Ich hab mir mal so’n paar Dinger von dem alten Herrn auf YouTube angeguckt – witzig, ja, aber das ist wirklich von vorgestern. Und das sind alles superalte Leute, die die Sketche spielen. Was zur Hölle ist überhaupt ein Sketch, haben mich die Kids gefragt. Googeln, Leute! Wozu habt ihr eure Handys, Tablets und Laptops?

Gut, Chris hat sich Gedanken gemacht und das gefällt mir. Echt nice. Also wollen wir ein Paar Sachen von Loriot nachspielen. Chris hat die Kids ermutigt, die Szenen in ihrer Sprache zu spielen und ein wenig zu pimpen. Ich war krass gespannt, ob die das checken. Cool ist, dass bei ihm ja auch immer nicht so heftig viele Leute mitspielen, schließlich sind wir nur ’ne ziemlich übersichtliche Theater-AG.

Als Erstes haben wir »Das Frühstücksei« geprobt. Es geht, jetzt mal kurz zusammengefasst, für die unter

euch, die keinen Plan haben, um ein heftig lang zu-
sammenes (kann man das so sagen? Ich denke schon)
Ehepaar, und er sitzt hinter, also vor, seinem Ei und beschwert sich.

Ahmad und Shannon haben sich den Text umge-
schrieben und ihn dann abgelesen, eigentlich. Kerim
guckte erst mal zu und überlegte sich dann Special
Effects.

Ahmad fing an: »Berta!«

Shannon: »Isch heiß voll nicht Berta, du Otto, isch
heiß Shannon!«

Ahmad: »Aber wir spielen doch jetzt diese Sketch!«

Shannon: »Ach so, aber in diese Sketch heiß isch
auch voll nicht Berta, isch heiße Aysha!«

Ahmad: »O.k., Aysha, du Lauch, das Ei ist voll
krass zu hart!«

Shannon: (schweigt)

Ahmad (brüllt): »Das Ei is heftig hart!!!«

Shannon: »Schrei misch nischt an, du Asi, isch hab
disch gehört!«

Ahmad: »Wie lange hat das Scheißei denn gekocht,
du Schlampe?«

Shannon: »Zu viele Eier sind gar nicht gesund, wegen dem Kerosin und so, und dann wirst du unfrucht-
bar!«

Ahmad: »Was isch wissen will, ist, wie lange dieses Scheiß-Ei gekocht hat ...?«

Shannon: »Du willst es doch immer viereinhalb
Minuten haben ...«

Ahmad: »Das weiß isch selbst …«

Shannon: »Was fragst du denn dann, du Asi? Herr Möller, warum muss isch dem sein Scheißei kochen, kann der das nischt selbst? Isch bin doch nicht dem sein Sklave!«

Ich nur so: »Shannon, das ist ja alles nur gespielt. Bis hier war's schon mal echt Bombe.«

Wir haben den ganzen Sketch in mehrere Teile geteilt und uns erst mal nur mit den ersten Zeilen beschäftigt. Ich glaube, es war doch eine gute Idee von Chris. Wir müssen nur noch ein bisschen üben und vielleicht was an der Sprache machen, es klingt noch viel zu altmodisch und gediegen. Und Kerims Idee, dass das Ei am Schluss explodiert und alle tot sind, finde ich auch gut, aber Chris nicht so, sie meint, wir müssen darüber noch mal nachdenken. Bis Weihnachten haben wir ein krass gutes, kleines Stück. Vielleicht.

Berlin, Berlin, wir fahren nach Potsdam!

Das Theaterspielen war erst mal ein kleineres Problem. Ich hatte Gerüchte gehört, dass Frau Severin nicht alleine mit mir und der Klasse auf Klassenfahrt gehen wollte. Wie asi ist die denn drauf? Sie unterstellt mir, »nicht verantwortungsvoll genug zu sein«! Sie wollte gern wenigstens Frau Herbst, also Chris, dabeihaben. Das hätte ich auch am liebsten gehabt. Aber Chris woll-

116

te nicht weg, weil es ihrer Mutter schlecht geht und sie in der Nähe sein will, damit sie jeden Tag ins Krankenhaus kann. Verstehe ich total. Aber jetzt muss ich allein mit Severin, der linken Bitch, auf Klassenfahrt.

Die Reise geht nach Potsdam, Montag hin und Donnerstag zurück. Ich dachte immer, Potsdam ist in Berlin. Aber Frau Severin hat mich aufgeklärt, dass das bei Berlin ist. Keine Ahnung, was da los ist, Berlin hätte ich cooler gefunden. Frau Severin faselte irgendwas von einem Schloss und irgendwelchen Museen – da hab ich ja so gar keinen Bock drauf, Alter, ey. Aber ich fürchte, ich muss da durch … Die Kinder finden das Verreisen an sich schon total cool. Viele von ihnen sind kaum mal rausgekommen, höchstens mal die Familie irgendwo besuchen. Aber als sie gehört haben, dass Potsdam bei Berlin liegt, wollten die natürlich alle auch nach Berlin. Selbst die Kinder finden die City schon krass cool.

Saida war wohl schon mal da und hat bei Ritter Sport im Laden Schokolade selbst gemacht, sie konnte da alles reinrühren, was sie wollte, und überhaupt »kann man da krass geil shoppen und wenn man Glück hat, trifft man einen coolen Superstar, weil die auch alle Berlin lieben, oder wenigstens George Clooney oder so«. So hat sie die Kids heißgemacht und ich fürchte, ich muss Frau Severin für mindestens einen Tag unschädlich machen, damit wir gepflegt mal die Hauptstadt abchecken können. Nee, Spaß, vielleicht gibt's da ja auch ein Museum, in das sie möchte, und wir holen sie dann wieder ab, wenn sie fertig ist.

Die Klassenfahrt

Wir wollten also losfahren, mit dem Bus nach Potsdam. Und ich hatte richtig wenig Bock drauf, mit der Severin fast vier Tage zu verbringen. Aber sie ist gar nicht so übel. Aber erst mal der Reihe nach.

Montagmorgen kam der Bus, aber die Kinder waren nicht da. Außer Saida und vier ihrer Freundinnen, die Namen kenne ich immer noch nicht, aber die hängen immer zusammen rum. Um zehn sollte es losgehen und ich war nur eine Viertelstunde zu spät, aber die Severin schon auf hundertachtzig, weil ihre Klasse natürlich schon um halb zehn da gewesen ist. Die machen mir Angst, ihre Kids. Deborah wurde von so 'nem Halbstarken gebracht, mit 'ner pinkfarbenen Corvette, Alter, der Typ sah gruselig aus, völlig gepierct und tätowiert, ich hoffe, sie hat mit dem nichts am Laufen und es ist nur ihr Haschdealer oder so.

Er hat im Auto noch gewartet, und Deborah hat mich gefragt, ob er mitkommen kann, nach Potsdam. Das hat Frau Severin gehört und gleich loskrakeelt: Nein, das sei eine Klassenreise und da könne nicht jeder beliebige Hans und Franz mitfahren und sie sei zu spät und könne froh sein, wenn sie überhaupt noch mit darf. Ich dachte, er hätte ruhig mitkommen können, wenn er nicht so extrem heftig ausgesehen hätte. Deborah hat ihm ein Zeichen gemacht, dass er nicht mitdarf, und dann ist er abgezischt. Krass coole Karre! Eine Freundin von Saida hat gefragt, woher Frau Severin weiß, dass Deborahs Macker Hans oder Franz heißt. Boah, voll doof, die Alte!

Endlich kamen auch Ali, Mario, Nurgül, Mustafa, Serpil, Shannon und wie sie alle heißen. Kerim kam zuletzt. Ganz gemächlich angeschlendert kam er und Frau Severin war heftig am Kochen. Es war Viertel nach elf und wir sind losgefahren. Natürlich wollten aus der anderen Klasse alle vorne sitzen, meine Kids wollten alle nach hinten und so war in der Mitte richtig viel Platz frei, weil die natürlich alle aufeinander saßen und zu dritt auf zwei Plätzen und rumstanden und so. Also, meine Schüler. Die von Frau Severin saßen voll ordentlich und ruhig, hatten ihre Kopfhörer auf und hörten wahrscheinlich mega langweilige Vorträge über die Geschichte von Potsdam, so wie die drauf sind. Oder sie haben gelesen. Bücher über Potsdam! Boah ey, ich hoffe echt, dass meine Schüler nie so spießig werden!

Die krasse Fahrt

Ach so, Frau Severin. Ich lieg jetzt noch grinsend aufm Boden, alter Schwede, was ging da ab!

Wir sind also irgendwie in Potsdam angekommen. Ich, mega gechillt, nicht nur weil 'ne Buddel Wodka rumgegangen ist, bei meinen Kids, versteht sich, und extremst heimlich, weil wir keinen Stress mit der anderen Klasse haben wollten. Um ehrlich zu sein, waren es sogar zwei Flaschen, die ich mitgebracht hatte, sonst wäre das echt zu wenig gewesen. Leider musste Serpil kotzen, sobald sie aus dem Bus draußen war, aber Gott sei Dank erst dann. Frau Severin hat mir gegenüber gleich angedeutet, ob Serpil wohl einen Braten in der Röhre hat. Echt, voll besorgt war sie, aber ich hab gesagt, ihr ist einfach von der Fahrt schlecht geworden. Auf so 'nen Frauenkram hatte ich voll kein Bock. Wir haben dann in unserer Jugendherberge eingecheckt, Zimmer natürlich getrennt, linker Gang Jungs, rechter Gang Mädchen und genau dazwischen die Zimmer von Severin und mir.

Ich hatte gleich schon gesehen, dass nebenan eine Kneipe ist, die echt o.k. aussah, nicht so 'ne schicke Bar oder so. Aber erst mal war Kultur angesagt. Irgendein Schloss haben wir angeguckt und durch einen Park sind wir gelatscht, aber zum Glück hat es tierisch angefangen zu regnen, da sind wir dann in irgendein Museum und ich hab's mir da in der Cafeteria bequem gemacht. Ich hatte echt keinen Bock, mir die Füße platt zu laufen, und hab den Kids gesagt, wenn was ist, bin ich da.

Irgendwie ging das auch zu Ende und, hätt ich nicht gedacht, aber das Museum ist heil geblieben, und die Alarmanlage ging nur einmal kurz los, weil Kerim Ahmad gegen eine Büste geschubst hat. Die war aber zum Glück aus Bronze und es ist nichts passiert. Also, in ein Glasmuseum würde ich mit den Chaoten nicht gehen.

Als die Kids dann abends alle auf ihrem Zimmer waren, hab ich Frau Severin mitgeschnackt, noch mit mir in die Kneipe zu gehen, um die »nächsten Tage zu besprechen«. Alter, die Frau kann was am Glas! Wodka Red Bull, Whiskey und Tequila hat sie derbe durcheinandergesoffen, bis sie, es ist echt so passiert, ich schwör: halbnackt auf dem Tisch getanzt hat! Sie wollte sich dann noch die Haare anzünden, aber Kerim und Kathleen haben sie davon abhalten können. Ja, meine Kids waren natürlich auch dabei, hatten sich irgendwie klammheimlich rausgeschlichen, dabei haben Frau Severin, mittlerweile darf ich sie Britta nennen, und ich schon längst Party gemacht und es war uns so was von Hans, was mit den Kids ist.

Brittas Klasse hat vielleicht gestaunt, als sie am nächsten Tag die Fotos ihrer Lehrerin auf Snapchat und Instagram gesehen haben. Die ganz wilden hab ich nur bei Facebook hochgeladen, da sind die Kinder ja nicht. Es war ein heftig krasser Abend und ja, Britta Severin ist wirklich eigentlich ganz nice.

In der Hauptstadt

Die Kacke war, dass ich dann am nächsten Tag natürlich auf alle Kids aufpassen musste, weil Britta echt übel dran war. Vielleicht war das 'ne leichte Alkoholvergiftung. Sie hatte mir im Suff auch noch gestanden, dass ihr Macker sie wohl erst letzte Woche sitzen gelassen hat und dass ihr die Sonne deshalb nicht gerade aus dem Allerwertesten scheint, sondern im Gegenteil.

O.k., das hab ich so an die Kinder weitergegeben und ihnen klargemacht, dass Liebeskummer so ziemlich der heftigste Scheiß ist (im negativen Sinn), den man haben kann, und dass wir sie am besten in Ruhe heulen lassen und ohne sie zusammen ins Spaßbad gehen. Ein Mädchen aus ihrer Klasse mit geflochtenen Zöpfen – ich meine, ich fall vom Glauben ab, ihre Mutter konnte ihr die ja nicht geflochten haben, sag nicht, die Mädels flechten sich gegenseitig Zöpfe? Wie krass ist das denn? Jedenfalls sagte dieses Mädchen, sie könnten nicht ins Spaßbad, weil sie keine Schwimmsachen dabeihätten. Und in BH und Unterhose wollten sie nicht, das haben meine Mädels natürlich gleich gefragt, die sind da nicht so. Aber nein, Brittas Mädchen waren krass entsetzt allein von der Vorstellung. Gut, dann eben kein Spaßbad. Wäre eh anstrengend gewesen, wenn da einer abgesoffen wäre.

Dann fiel den kleinen Rackern ein, wo wir waren. Ganz nah an der Hauptstadt. Genau. Also, wir fahren nach Berlin! Die Kids von der Severin aber gleich wieder: »Nein, das dürfen wir nicht, wir sind doch in Potsdam und unsere Eltern denken auch, dass wir hier sind, und dann können wir doch nicht anderswo hin …« Blablabla. Wie können Kinder so sein? Es ist den Eltern doch wohl voll egal, wo ihre Kinder sind. So war's jedenfalls in meiner Kindheit. Und Berlin ist echt unnormal cooler als Potsdam. Wir also in die S-Bahn, schwarzfahren muss man auch lernen. Besonders die Severin-Klasse. Das ist wie Geisterbahn, hab ich denen erklärt, man weiß nie, was um die Ecke lauert, es kann jederzeit ein Kontrolletti kommen! Fanden sie auch megaaufregend. Ein Junge wollte sich unbedingt ein Ticket kaufen, da haben Ali und Mustafa ihm aber das Geld abgenommen und davon schnell Schoki gekauft.

In Berlin wollte ich 'nen alten Kumpel besuchen und mit ihm ein bisschen zocken, den Kids hab ich gesagt, wann und wo wir uns treffen. Ich meine, die sind doch wirklich alt genug, hab ich gedacht. O Mann, ich hab also mit meinem Kumpel Playstation gespielt, da ruft mich Britta an, wo wir denn sind und einige Schüler aus ihrer Klasse seien aus Berlin zurückgefahren zu ihr, aber wo denn der Rest und ich und meine Klasse sind, wollte sie wissen. Sie klang erstaunlich lebendig. Aber wie dämlich kann man sein und wieder zurückfahren! Ich hab meine Kollegin beruhigt und gesagt, die anderen sind bei mir; Alter, sie hat sich schlecht beruhigen lassen. O.k. Dann bin ich zu unserem Treffpunkt und es waren echt alle da bis auf Deborah.

Scheiße, dachte ich, die ist wahrscheinlich zum Geschäftemachen in die Hauptstadt mitgefahren. Und ich will wissen, wer ihr Dealer ist, und vielleicht da auch rankommen. Ich hab also die Kids in die Bahn nach Potsdam gesetzt und hab mich auf den Weg gemacht, Deborah zu suchen.

Gute Geschäfte

In Neukölln kenn ich da so eine Gegend, da kann man Stoff kriegen und da bin ich hingefahren. Einfach »aus dem Bauch raus«, hätte Chris wahrscheinlich gesagt. Ja, Leute, ich hatte so ein Gefühl, auch dass der Typ mit der Corvette mit ihrem Verschwinden was zu tun hat. Und was soll ich sagen, wenn's im Film gewesen wär, hätte man's voll nicht geglaubt: Da saß die Bitch mit dem Typ vor einer Eisdiele und sie hat sich 'nen Mega-Schokobecher reingezogen!

Ich bin da hin und hab höflich gefragt, ob sie eigentlich einen Plan hat, wie spät das ist. Und sie so: »Nö.« Und der Typ gleich: » Das geht dich einen Scheißdreck an, wie spät es ist, du Lauch!« Wow. Krasse Antwort, dachte ich. »Wer bist du überhaupt? Und was hast du mit meinem Babe am Laufen?« Scheiße, dachte ich, das ist tatsächlich ihr Macker. Wie macht der das am Flughafen? Ich meine, mit dem vielen Eisen im Gesicht? Wollte ich ihn fragen, hab ich dann doch nicht.

»Ich bin ihr Lehrer und wir sind auf Klassenfahrt!«, hab ich völlig korrekt klargestellt. Und der Typ musste voll loslachen. Und Deborah auch. »Seid ihr bekifft? Woher habt ihr den Stoff?« Ich meine, ich musste ja mal Klartext reden, schließlich brauche ich 'ne neue Quelle. In Hamburg. »Ich kann nicht jedes Mal nach Berlin fahren für neues Dope, und da dachte ich, vielleicht kommen wir ins Geschäft.«

Der Typ hat nur weitergelacht wie gestört. Und seelenruhig in ihrem Eisbecher rumgestochert. Ich hab Deborah gefragt, ob er ihr Dope verkauft, und sie hat auch nur gelacht. »Alter, ihr Komiker geht mir echt auf die Nüsse. Du kommst jetzt mit mir nach Potsdam und unterwegs erklärst du mir ein paar Sachen.« »O.k., Herr Lehrer, wie viel brauchst du? Ich bin immer unterwegs zwischen Hamburg und Berlin ... Dass meine Süße weiter was verkauft, will ich nicht, aber du, du kannst gerne was verchecken. Wie viel brauchst du?«

Wir wurden uns schnell einig und der Typ, André, hat uns dann sogar noch in die Jugendherberge gefahren mit der Corvette. Krass coole Karre! Und André ist eigentlich auch ein stabiler Dude. Er macht 'nen echt fairen Preis.

Viel Spaß!

Nach der Klassenfahrt ging es wieder mit Vollgas in der Schule weiter. Nach einem anstrengenden Tag in der Schule ging ich zu meinem Auto. Ich hatte heute tatsächlich richtig Unterricht gemacht, weil meine Kollegen mir gesagt hatten, dass einige Eltern mit meinen Leistungen unzufrieden seien.

Ich meine, können diese Asi-Eltern das vielleicht auch mir direkt sagen? O.k., es war also ein harter Tag gewesen und ich will gerade mein Auto aufschließen, da sehe ich, wie einige meiner Schüler mit zwei Feuerlöschern aus dem Fenster steigen. Genauer gesagt waren es Kerim und Ahmad. Der kleine Mario war schon vorneweg geklettert und hatte geguckt, ob die Luft rein war. Alter Verwalter, Feuerlöscher klauen ist schon 'ne ganz harte Nummer. Hatte ich denen erzählt, dass ich das als Jugendlicher auch gerne gemacht habe? Nee, davon durften die nichts wissen!

Ich bin hingerannt und hab sie ordentlich zur Sau gemacht. »Ey, das ist richtig krasser Diebstahl, ihr könnt deswegen von der Schule fliegen, ist euch das nicht klar? Außerdem ist das mega Scheiße, wenn jetzt im Chemiesaal was hochgeht oder so, dann kann man nicht löschen! Ich glaub, es hackt total bei euch, das ist echt voll Lauch!« Und die nur so: »Bitte, bitte, Herr Möller, sagen Sie das nicht weiter, wir geben sie ja zurück, bitte helfen Sie uns!« und: »Haben Sie das nie gemacht, ich meine, ist das wirklich so schlimm?«

»Ey, ihr Ottos, stellt euch mal vor, was jetzt alles passieren kann! Und wie teuer so ein Feuerlöscher ist, das kommt ja noch dazu!« »Bitte, bitte sagen Sie's nicht weiter!« »Na gut. Will ich noch mal ein Auge zudrücken. Ich bringe die Feuerlöscher heimlich zurück. Heute Abend, wenn niemand mehr in der Schule ist. Wir legen sie jetzt erst mal in mein Auto. Aber vorsichtig!«

Gesagt, getan. Die Kids waren mir sehr dankbar und ich dachte nur, klar werde ich sie nicht hängen lassen! Ich wäre froh gewesen, hätte ich früher einen so coolen Lehrer wie mich gehabt!

Mit den Feuerlöschern im Auto bin ich dann erst mal nach Hause gefahren. Unterwegs fiel mir ein: »Alter, hatte ich früher Spaß mit den Dingern! Ich kann die Kids echt voll verstehen. Eigentlich sind die zu schade zum Zurückbringen ...« Natürlich hatte ich die auch aus der Schule geklaut, früher. Wo kam man denn sonst an so vielen Löschern vorbei?

Ich hab Hendrix angerufen und gesagt: »Hey, Bro, ich hab 'ne Überraschung – lass ma später im Park treffen, am Wandse-Ufer. Und bring was zu rauchen mit!« Er war mega gespannt auf meine Überraschung. Als ich dann die beiden Feuerlöscher aus dem Auto geholt hab, hat er sich krass gefreut: »Wie heftig ist das denn! Yeah, lass ma erst einen bauen, Bruder ...« Sein Gras war richtig heftig und wir haben uns kaputtgelacht, als wir dann mit den beiden Feuerlöschern so laserschwert-mäßig gegeneinander angetreten sind. Digga, da ist ganz schön Druck dahinter! Es war original wie früher! Krass geil!

Ausgeschlafen

Jeden Mittwoch dieselbe unnütze Kacke: Mittagspausenaufsicht. Vollkommen unnötig, Leute, isso. Schließlich ging der Unterricht nur bis 12.30 Uhr und die allermeisten Kinder sind dann nach Hause oder sonst wohin gegangen. Auch die meisten Lehrer hatten spätestens um 12.30 Uhr Schluss und nur ich musste da rumhocken und meine Zeit absitzen, für die paar Schüler, die noch Mittagschule hatten und über Mittag dablieben.

So sah das theoretisch aus, Leute, genau so. Aber: Praktisch war meine Wohnung voll da in der Nähe. Und deshalb bin ich mittwochs meistens in der Mittagspause nach Hause und hab mich noch mal aufs Ohr gehauen, besonders, wenn es in der Nacht zuvor spät geworden ist. Und das ist es schon öfter mal, klar, oder?

Gestern war wieder Mittwoch. Und vorgestern fette Party im H1 mit echt heißen Girls, etwas Wodka und ähm, na ja, man rauchte auch ein wenig. Deshalb bin ich fast zu spät in die Schule gekommen. Ich meine, fast richtig zu spät. Ein bisschen Schwund ist ja immer … Ich hab mich bemüht, aber ich muss meinen Wecker wieder ausgemacht haben, hab ich nicht mitgekriegt. Vielleicht hat ihn auch diese unfassbar coole Frau ausgemacht, neben der ich zumindest eingeschlafen bin – egal.

Ich war eine halbe Stunde zu spät und echt krass müde in der Schule. Und ich hatte Pausenaufsicht, wie jeden verdammten Mittwoch. Ich war aber schon froh, den Unterricht irgendwie rumgekriegt zu haben, und bin Punkt zwölf Uhr dreißig nach Hause auf die Couch. Das war echt so was von nötig!

Um kurz nach eins klingelt mein Handy und weckt mich aus dem Tiefschlaf. Ich wusste erst gar nicht, was los war, und habe es klingeln lassen. Dann hat aber wieder jemand angerufen. Ich bin drangegangen, total verpennt. Ich meine, Leute, ihr kennt das, wenn du gerade sonst wo bist in deinen Träumen, und dann werdet ihr geweckt und ihr wisst gerade nicht mal euren Namen oder sonst irgendwas. Ich also: »Hey, hi, hier ist MefYou …« Die andere Stimme war krass aufgeregt: »Herr Möller, wo stecken Sie? Zwei aus der Zwölften prügeln sich heftig, ich glaub, die bringen sich gleich um!« Schlagartig war ich hellwach. Nicht, weil ich ernsthaft Angst hatte, dass sich zwei Jugendliche tatsächlich gleich killen, nein, ich wollte keinen Ärger haben, weil ich die Pausenaufsicht geschwänzt habe.

Ich also mit Überschallgeschwindigkeit zur Schule und drei Minuten später war ich da. Ich kannte die beiden Jungen nicht, die sich da kloppten. Schnell hatte ich sie auseinandergebracht, vor allem, weil sie mich auch cool finden, glaube ich. Denn natürlich kannten sie mich. »Sorry, MefYou«, meinte der eine, und der andere sah mich groß an: »Hey, ja, klar, du bist Mef-You, cool, kann ich ein Selfie mit dir machen?« Ich nur so: »Wollen wir das nicht ein anderes Mal machen? Du siehst scheiße aus, mit der aufgeplatzten Lippe und dem runterhängenden Auge und so. Läuft das etwa gerade aus?« Er sah mich entsetzt an. »Nee, chill mal, war ein Spaß!«

»Ich fand das gar nicht lustig.« Scheiße, das war Herr Claussen. »Haben Sie nicht Pausenaufsicht? Wieso waren Sie nicht hier?« Leute, ich schwör, ich hatte keine Zeit, mir irgendwas zu überlegen, ich hab einfach gesagt: »Ich war nur kurz an meinem Auto, ich hatte was vergessen.« »Aha.« »Ich schwör! Hätte ich sonst so schnell hier sein können? Ich bitte Sie, Herr Claussen, es ist ja nichts weiter passiert. Ich konnte ja schnell genug eingreifen!« Er guckte mich zwar immer noch genervt an, schien aber mit meiner Erklärung cool zu sein. »In Ordnung. Aber vergessen Sie lieber nicht noch öfter was in Ihrem Auto.« Mann, das klang voll wie 'ne Drohung. Na ja, egal – ich war froh, dass ich raus war aus der Nummer.

Vertrau mir!

Nachdem die Kinder erzählt haben, dass es voll viel Spaß macht in unserer Theater-AG, sind jetzt noch einige dazugekommen. Und Chris hatte mir ein Buch mitgebracht, weil sie an dem Tag nicht konnte und ich »auf mich allein gestellt war mit den Kindern«. Als wäre das ein Problem, Mann, checkst du's?

In dem Buch stehen verschiedene Improvisations- und Vertrauensübungen drin. Eine davon wollte ich gleich mit den Kindern ausprobieren, kennt ihr vielleicht auch, die Vertrauensübung. Es geht darum, sich voll auf einen anderen einzulassen und an ihn quasi die Kontrolle abzugeben.

Ich bin also in die Klasse gekommen und hab gesagt: »Bevor euch die anderen, die schon länger dabei sind, vorspielen, was wir schon erarbeitet haben, möchte ich mit euch allen eine Übung machen. Geht bitte immer zu zweit zusammen.« Natürlich haben sich immer zwei Mädchen und zwei Jungen zusammengetan, weil die Mädchen nicht mit den Jungs Übungen machen wollen. Andersrum glaube ich schon.

Leider waren nur noch zwei übrig, ein Mädchen und ein Junge. Serpil und ein Junge aus einer anderen Klasse, Kevin. Und Serpil gleich so: »Herr Möller, isch möschte das nischt mit Kevin machen!« Und ich: »Aber Serpil, du weißt doch noch gar nicht, worum es geht!« »Aber isch möschte gar nischts mit dem machen!« »Aber ihr seid jetzt nun mal übrig und ihr macht das jetzt!« »Aber was denn, Herr Möller?« Ich hab's dann erklärt: »Es geht um Vertrauen. Ihr stellt euch hintereinander, zu zweit. Und dann lässt sich der vordere nach hinten fallen, in die Arme vom anderen.« Serpil sah mich geschockt an: »Das mach isch nischt, Herr Möller!« »Kevin kann sich ja auch zuerst fallen lassen! Los, stell dich nicht an!« »Aber Herr Möller, isch fang den nicht auf, isch finde den eklig!«

»Ey, Serpil, das sagt man nicht! Wann hast du geduscht, Kevin?« »Ey, voll heute morgen! Isch bin voll nicht eklig, du Schlampe!« »Jetzt beruhigt euch, Kinder, alle stellen sich hintereinander und dann geht's los! Eins, zwei, drei …!« »AUA, Scheiße, Herr Möller!« »Kevin ist voll hingefallen, der hat eine Gehirnerschütterung!« »Isch hab gesagt, isch fang den nicht!«

Serpil hatte Kevin tatsächlich einfach nicht aufgefangen. Als Einzige! Alle anderen Kinder hatten ihre Aufgabe wunderbar gelöst! »Isch will mit Melina!«, erklärte Serpil. Sie zog ihre Freundin aus der Parallelklasse zu sich. »Ey, aber isch will nischt mit dir, du Opfer! Isch will mit Sandy!« Sie schubste Serpil, was Kevin seltsamerweise nicht okay fand. Im Nu waren sich alle am Kloppen. Auch in Ordnung, dachte ich, so geht die Stunde auch rum. Ich hab meine Mails gecheckt in der Zeit und Angry Birds gespielt.

Der Schlüssel zum Glück

Als Herr Bock mich zum Gespräch in sein Büro bat, dachte ich, es wäre wegen der Lautstärke bei der Theater-AG. Aber er hatte was noch Heftigeres für mich: »Herr Möller, immer wieder kommen Beschwerden von Eltern und Kollegen über Sie. Ich weiß, dass die Kinder Sie lieben, aber Sie müssen sich mehr am Riemen reißen! Es kursiert das Gerücht, dass Sie Haschisch konsumieren, Sie halten sich selten an den Lehrplan, sondern gucken oft Filme im Unterricht, Sie filmen im Schulgebäude ohne Drehgenehmigung, auch nach Schulschluss und stellen das auf Ihren YouTube-Kanal, neulich sind zwei Feuerlöscher verschwunden, Sie sagen, Sie hätten die nicht entwendet, gut, dafür gibt es auch keinen Beweis; Herr Kollege Claussen meinte, Sie seien neulich Ihrer Mittagspausenaufsichtspflicht nicht nachgekommen …« Ich unterbrach ihn: »Da war ich nur kurz am Auto! Meine Güte, es ist doch nichts passiert! Und wegen der Filmerei: Ich frage die Kinder immer vorher, bevor ich filme, und sage Ihnen, sie sollen ihre Eltern fragen, ob ich filmen darf, das läuft krass korrekt, ich schwör!«

Er seufzte: »Herr Möller, ab jetzt geben Sie bitte Ihren Schlüssel nach dem Unterricht ab und holen ihn sich morgens wieder, wenn Sie in die Schule kommen! Und jetzt: Einen guten Tag!« Herr Bocks Ansage war deutlich. Ich war ziemlich verdattert. Was ein Lauch! Wie uncool!

Jede Lehrkraft hatte ihr eigenes Fach im Lehrerzimmer, und jeder Lehrer hatte seinen eigenen Schlüssel für alle Schulgebäude. Ich sollte ab jetzt der Einzige sein, der immer seinen Schlüssel im Sekretariat abgeben und ihn sich am nächsten Morgen wieder holen musste? Das war mega diskriminierend. Die behandelten mich ja wie einen Verbrecher!

»Herr Bock, das können Sie nicht machen! Alle haben einen Schlüssel, den sie mitnehmen können!« »Ja, bis auf Sie ab jetzt. Wenn ich Sie daran erinnern darf: Sie halten sich nicht immer an die Regeln, Herr Möller. Allein diese YouTube-Filme, die sie hier immer ohne Drehgenehmigung drehen, das geht nicht.« Er ging einfach raus und es war beschlossene Sache. So schnell geht das, wenn man Chef ist!

Okay, ich habe wirklich ab und zu Mist gebaut, aber lange würde ich das nicht mitmachen. Wenn die kein Vertrauen zu mir haben und mich wie einen Verbrecher behandeln, dann benehme ich mich auch so, schwor ich mir.

Nach ein paar Wochen mit Hin- und Hergerenne zum Sekretariat wegen des Schlüssels habe ich ihn einfach behalten. Und meine Freunde eingeladen, dass wir uns abends in der Schulturnhalle treffen konnten. Das war ganz cool, die anderen fanden es heftig, dass wir so auch bei Regen Fußball spielen konnten, Wodka trinkend und Gras rauchend auf den Matten liegen konnten. Das haben wir dann öfter gemacht.

Klar hat es am nächsten Tag ein bisschen nach kaltem Rauch gerochen und wir haben auch nicht immer alles krass ordentlich aufgeräumt, aber selbst wenn die Kollegen sich gedacht haben, dass ich das wohl war, hat mich keiner danach gefragt. Vielleicht kam das aber auch so als Minuspunkt auf mein Verbrecher-Konto, ohne dass ich etwas davon mitbekommen habe …

Der Lehrerausflug

Am liebsten wäre ich krank gewesen an dem Tag, echt. Leute, ein Ausflug mit Kollegen, mit denen du nichts zu tun haben möchtest und die echt Kacke zu dir sind und es immer waren. Wieso soll ich meine kostbare Freizeit mit denen verbringen, wenn schon die Zeit in der Schule ohne sie schöner wäre?

Chris hat mich überredet, wieder mal. Sie meinte, mit Severin käme ich ja wohl gut klar und Frau Schelling hält sich ja auch meist raus und Herr Egerling war wohl von meinem Fußballspiel ganz angetan. Aaaah!

Trotzdem, die ganzen anderen Spacken, Herr Bock und Herr Claussen und Frau Elser und so.

Chris meinte, es kann sich nur verbessern, wenn man was zusammen unternimmt, und außerdem würden alle checken, dass ich nicht wirklich krank bin, und mir das dann als Schwäche auslegen. Und wenn ich eins nicht bin, dann schwach, Bruder! Außerdem hat sie gesagt, sie freut sich, wenn ich mitkomme. Sie hat mich irgendwie besonders angeguckt dabei.

O.k., also bin ich mit zum Lehrerausflug. Hatte sich Herr Bock ausgedacht, zur »Teambildung« in den Kletterpark Aumühle. So von wegen Vertrauen und Gemeinschaft und Selbstbewusstsein und blablabla. Na gut, von mir aus.

Es fing schon an zu stressen auf der Fahrt mit der S-Bahn nach Aumühle. Chris und ich setzen uns auf den Sitz und ich chille wie immer mit meinen Füßen auf dem Sitz gegenüber – voll normal, Digga. Gleich geht das Gemeckere los: Warum ich die Füße auf den Sitz lege, das macht man nicht und ich sei voll kein gutes Vorbild und so. Ich hab nur gesagt: »Vorbild für wen? Hier sind nur Lehrer im Wagen, brauchen die noch ein Vorbild? Außerdem würden Sie wahrscheinlich auch gern chillen und sind einfach nur neidisch, weil Sie sich das nicht trauen!«

Bin sitzen geblieben. Chris dann so: »Hey, nicht, dass die dich nachher abstürzen lassen, wenn du dich jetzt nicht benimmst!« Und Herr Bock: »Da hat Frau Herbst ganz recht. Wir müssen demnächst noch mal reden, Herr Möller.« Ich wäre am liebsten gleich wieder ausgestiegen. Klar, dass Chris das witzig gemeint hat, aber Bock hat gleich wieder ein Drama draus gemacht. Ich meine, hab ich eine Katze angezündet? Ein Altersheim in die Luft gejagt? Helene-Fischer-Lieder gesungen? Nein! Ich hab nur meine krass sauberen Turnschuhe auf einen Plastiksitz gelegt! Mit der Hinterseite, also, mit dem Teil von der Ferse, das eben aufliegt, wenn man die Beine ausstreckt, Ihr wisst, was ich meine, Leute.

Das fängt ja gediegen an, dachte ich und hab mir erst mal ein Bier aufgemacht. »Mit Alkohol in den Kletterpark?«, bemerkte dann natürlich sofort die Öko-Elser. Die hatte sich zur Feier des Tages besonders scheiße angezogen, sah aus, als hätte sie sich aus den Fußabstreifern in ihrem Treppenhaus was Schönes genäht und nur das Loch für den Kopf offen gelassen. »Das ist kein Alkohol. Das ist Bier. Wollen Sie auch eins? Außerdem muss ich gleich nicht am offenen Gehirn operieren, sondern nur klettern.« Sie ist dann wortlos aufgestanden und zu den anderen Lehrern gegangen. Dermaßen uncool, die Kollegen.

Höhenangst

Ich hatte so keinen Bock auf Kletterpark. Das ist so asi. Buildering ist heftig, so auf Gebäude klettern und so, klar, aber Klettern in Bäumen auf so 'nem idiotischen Pfad, den sich irgendwelche Vollpfosten ausgedacht haben – ich meine, was soll das? Das spielt man seit hundert Jahren cooler auf der Playstation, Grow Home zum Beispiel jetzt.

Dann muss man sich dazu auch noch in eine Art Brustgeschirr reinzwängen und sich dann an einer Sicherheitsleine mit einem Karabiner einklinken, als wäre da jemals jemandem schon mal was passiert – mega albern. Außerdem habe ich ganz wenig Bock, tatsächlich mal irgendwo abzurutschen und dann stundenlang an der Leine zu baumeln. Man soll dann » Hallo Trainer!« rufen und abwarten, bis einer kommt und einen abschneidet. Wer hat sich den Scheiß eigentlich ausgedacht?

Die Kollegen haben erzählt, dass sie auch schon mit einer Schulklasse hier waren, und ein Mädchen war nicht richtig eingeklinkt und ist runtergefallen und hat sich ein Bein gebrochen. Das kann überhaupt nicht sein! Das haben die sich doch nur ausgedacht, um anderen Angst zu machen, voll asi, ey.

Wir sollten uns hintereinander stellen und in der Reihenfolge dann auch klettern. O Mann, was für ein Kindergarten! Frau Elser stand vor mir, ausgerechnet. Lieber wäre mir Lola gewesen, aber die ist ja schon länger nicht mehr an unserer Schule. Um ehrlich zu sein, wäre mir eigentlich jeder andere lieber gewesen als ausgerechnet Frau Elser. Aber gut, ich bin mit ihr also dann erst über den Kinderparcours. Echt jetzt, mega uncool, aber wir sollten mit diesem ein Meter fünfzig hohen albernen Pfad anfangen, auf den schon richtig kleine Kinder ohne Beine können.

Herr Bock faselte was vom »schwächsten Glied« und ich bin mir sicher, er meinte seins damit. Nee, nur Spaß! Also, wir da hoch und das war selbst für Frau Elser kein Problem. Respekt, immerhin waren wir in einem Meter Höhe. Hinter mir Herr Claussen. Ich war der Fleischklops in einem Vollspacko-Burger sozusagen. Nächste Stufe, da war Frau Elser schon meeega langsam. Alter, dabei war das ein echt einfacher Parcours, o.k., in sechs Metern Höhe, aber trotzdem, es gab links und rechts ein Halteseil und man konnte gemütlich auf so 'ner Art Hängebrücke langspazieren. Mann. Aber nicht Frau Elser. Alter, wie hysterisch kann man sein! Sie klammerte sich derart an ihre Vorderfrau, Frau Czinczoll, dass diese fast runtergefallen wäre.

»Ich hab Höhenangst!«, fiel ihr jetzt ein. Das hätte sie doch echt mal früher sagen können! »Frau Elser, nicht runtergucken, sondern ganz gechillt ins Grüne nach oben sehen, dann geht's.« Digger, dass ich die Tante mal unterstützen würde, hätte ich auch nicht gedacht. Aber ich wollte ja schließlich weiter. Und hinter mir noch mal fünf Mann bzw. Frau. Irgendwie schafften wir den Parcours. Alle. Und auch Frau Elser. Und anstatt dass die Bitch jetzt sagt, sie kann nicht weiter, will sie unbedingt den blauen Parcours auch machen. Ich meine, hallo, blau bedeutet schwieriger. Und sie war schon bei grün krass langsam und laberte von Höhenangst – wieso wollte sie das durchziehen?

O Trainer, mein Trainer!

Ich also wieder hinter Frau Elser her. Sie laberte mich voll von wegen Ängste überwinden und dass sie voll stolz auf sich sei, dass sie das so »easy« geschafft hatte und dass sie sich der neuen Herausforderung stellen wollte. Und dass es ihr ein »gutes Gefühl« gibt, wenn ein »junger, agiler Mann« hinter ihr wäre – igitt, wie krieg ich bloß die Bilder wieder aus meinem Kopf?

Sie war jetzt so langsam, ich hatte echt Schiss, dass ich Silvester hier im Wald verbringen musste. Silvester übernächstes Jahr! Vor jedem Schritt sprach sie sich selbst Mut zu und, ey, Leute, das war erst der blaue Parcours! Level 2, wenn wir ehrlich sind. Natürlich war das keine Betontreppe, sondern die Bretter, auf die wir treten mussten, schwankten heftig hin und her. Ich fand's mega und hätte voll Bock gehabt, einfach mal schnell ganz hoch zu hüpfen. Aber ging voll nicht. Wir waren ja hintereinander in unserer Kette festgebunden.

Nach der nächsten Plattform am Baumstamm kamen Bretter, die ziemlich weit auseinanderschwangen, und Frau Elser hätte ein kleines bisschen springen müssen. Sie traute sich aber nicht. Herr Bock von vorne: »Liebe Frau Elser, geben Sie sich einen Ruck, Sie sind doch eine sportliche Person, gucken Sie mich an, selbst ich habe das geschafft, es sieht schlimmer aus, als es ist, Sie können sich ruhig trauen …«

Tat Sie aber nicht. Stattdessen fing sie an zu jammern, voll nervig und krass uncool. Und Irgendwann kam sie auf den Trichter, dass ich ihr helfen sollte, weil ich ja hinter ihr war – Schande! »Bitte, Herr Möller, tun Sie doch was!« »Ich kann nichts machen, Sie müssen da selbst durch beziehungsweise rüber!« Herr Bock: »Ein beherzter Schritt, Frau Elser! Sie schaffen das! Yes, you can!« Er wollte wohl witzig sein. Ich stand jetzt schon gefühlt 'ne halbe Stunde auf dieser Plattform und wollte weiter, hinter mir wurden sie auch unruhig, wenn sie auch einigermaßen freundlich blieben. Chris rief: »Nur Mut, Frau Elser!«, und irgendeiner: »Das ist ein tolles Gefühl, wenn man seine Ängste überwunden hat!«

Ich war echt mega genervt. Wie uncool von der Bitch, uns ewig hier warten zu lassen, Alter! Dann wäre sie besser unten geblieben! »Tun Sie doch was, Herr Möller!« rief Frau Czinczoll jetzt und das hab ich mir nicht zweimal sagen lassen. Echt jetzt. Ich hab ihr einen wirklich sanften Schubs gegeben, den Hauch eines Stoßes, eine leichte Hilfestellung und –zack– ein krass heftig gruseliger Schrei und Frau Elser baumelte an ihrem Notfallseil in knapp sechs Metern Höhe.

»Hilfe, Hilfe!«, schrie sie wie am Spieß. »Frau Elser,

alles okay bei Ihnen?«, fragte Herr Bock blöde, obwohl er sie baumeln sah, und Frau Czinczoll rief: »Nicht Hilfe, o Trainer, mein Trainer!« »Ich will hier nicht hängen! Was haben Sie getan, Herr Möller?« »Ich habe Ihnen helfen wollen. Sie sind versehentlich daneben getreten.« Mann o Mann. Irgendwann, nachdem sie stundenlang »O Trainer, mein Trainer« gerufen hatte, kam endlich einer von den Kletter-Honks und hat sie abgemacht und runtergeholt. Total easy. Und wir haben den Parcours zu Ende gemacht. Danach hatte ich echt keinen Bock mehr auf noch einen. Und Frau Elser hat mich nicht mehr angeschaut. Das hab ich jetzt von meiner Hilfsbereitschaft.

Superhendrix

Meinem Kumpel Hendrix hab ich vom Lehrerausflug erzählt und er hat sich kaputtgelacht. Er möchte mich jetzt öfter an der Schule besuchen und kam natürlich vorbei, als ich ihm erzählt hab, dass ich meine Nintendo mit in die Schule bringe und mit den Kids Super Mario spiele.

Alle haben sich mega gefreut, ihn zu sehen, und es war auch cool, dass jetzt zwei Erwachsene da waren und nicht nur Kinder gegeneinander gespielt haben. Ich hab die Nintendo natürlich ans Smartboard angeschlossen und dann haben wir Gruppen gebildet. Die, die gerade nicht spielen konnten, haben auf ihrem Handy was gemacht oder die anderen angefeuert. Die Kinder waren voll dabei! »Los, du musst springen!« »Ey, benutz den Dreckweg, aber heftig!« »Das war ein krasser Sprung, Bruder, echt krass!« So haben die Kids mitgefiebert. Es war echt cool, hat sehr viel Spaß gemacht! Was, wer kennt Super Mario nicht? Der muss mit seinen Kumpels einen Hindernisparcours überwinden, Sachen einsammeln und gegen die Bösen kämpfen.

Hendrix und ich sind natürlich die Oberchecker, weil wir das ständig zusammen spielen. Die Kinder waren aber teilweise auch ganz gut. Auf jeden Fall hat es richtig Spaß gemacht und der Unterricht ging mega schnell vorbei, blöd war nur, dass Frau Schelling irgendwann bei uns reingeschaut hat und gefragt hat, warum so ein Geschrei in unserer Klasse ist. Ich hab nur gesagt: »Äh, wir waren gerade fertig für heute und weil die Kinder so toll mitgemacht haben, durften sie noch ein bisschen spielen!« Und Frau Schelling so: »Aber es ist doch schon die ganze Zeit sehr laut hier bei Ihnen! Ich verstehe drüben mein eigenes Wort nicht!«

»Scheiße, äh ich meine, tut mir echt leid …« Ich hab versucht, mich dem hochtrabenden Kollegengelaber anzupassen, »das war mega uncool – äh, ich meine, das war nicht meine Absicht und ich möchte mich dafür entschuldigen! Wir machten Rollenspiele zum Thema Höflichkeit und da wurde es natürlich etwas lauter!« Sie sah mich ganz verwirrt an: »Wieso wird es beim Thema Höflichkeit lauter?« »Na ja, die Kinder waren so bei der Sache, dass sie eben immer laut reingerufen haben, wenn sie etwas wussten, ich habe hier nämlich einige

Checker am Start, äh, also, sehr intelligente Schülerinnen und Schüler, die ich mich freue, unterrichten zu
dürfen!« »Und was machen Sie hier?«, fragte sie daraufhin Hendrix. Er guckte mich nur verdattert an und
ich hab schnell erklärt: »Das ist unser neuer Referendar.
Sie werden ihn noch kennenlernen.« Dann habe ich sie
freundlich lächelnd rausgeschoben. Ich hoffe, sie ist damit zufrieden.

Partypeople

Die Kids kannten Hendrix natürlich nicht nur von der
Schule, ich hab ja auch öfter Kinder aus meinen Kursen
auf irgendwelchen Konzerten oder Feiern getroffen, auf
denen ich mit meinen Freunden war. Und klar hatten
alle Schüler meine Handynummer, falls mal irgendwas
sein sollte. Und, ja, es war öfter mal was.

An einem Samstag war ich mit 'nem echt super-
netten Mädchen verabredet. Sie hieß Lydia und war 'ne
Bekannte von Krappi. Über ihn hab ich sie kennengelernt und war sofort geflasht, denn sie hat richtig kleine
Füße. Sie studiert –natürlich– Umwelttechnik, im ersten Semester.

Wir haben uns auf einer Party supernett unterhalten und sie überlegt auch, einen YouTube-Kanal
zu machen, weil sie sich für umweltbewusste Pflege-
produkte interessiert. Interessiert mich natürlich so was
von überhaupt nicht, aber wenn ich an einer Dame in-

teressiert bin, bin ich auch an dem interessiert, was sie so macht. Natürlich. Lydia ist in erster Linie hot. Und süß. Sie hat total dicke, glänzende Haare, so glänzend, die sehen aus wie gephotoshoppt. Und sie hat Beine, die gehen bis zum Boden! Nee, Spaß, also sie hat echt krasse Beine. Und sie ist total witzig! Na, egal, ich hab ihr also angeboten, mit ihr was essen zu gehen und ein bisschen über YouTube zu erzählen, wie das so läuft bei mir und so. Und sie hatte Lust!

Wir waren also am Samstag in meinem Lieblings-burgerladen und haben geredet. Sie sah heftig aus und ich hab überlegt, wie ich sie zu mir nach Hause kriege. Hab ihr von meiner Nintendo erzählt und dass ich am liebsten »Bob, der Baumeister« spiele, und das fand sie total süß. Und ich so: »Hey, wir haben gegessen, wollen wir 'ne Runde spielen?« »Was denn spielen?« Wie sie mich das gefragt hat, so mit leicht geöffnetem Mund, also klar, mit geöffnetem Mund, ich meine, sie hat die Lippen befeuchtet und ihn dann nicht mehr wieder zu-gemacht, den Mund, und ich dachte, ich muss sterben, wenn ich sie nicht sofort küssen kann. »Na ja, Bob der Baumeister!«, und sie so: »Klar, fahren wir zu dir!« Bingo! Das ging ja echt schnell. Da lässt eine nix an-brennen, dachte ich mir. Wahrscheinlich ist sie genauso heiß auf mich wie ich auf sie.

Wir dann in meinem Auto und zu mir. War 'ne wit-zige Fahrt, wir haben voll denselben Musikgeschmack und haben laut im Radio mitgesungen. Zu Hause haben wir es uns auf dem Sofa gemütlich gemacht und sofort geknutscht. Die Frau kann krass küssen, mir ist die Luft weggeblieben. Ich hab ihr langsam meine Hand unter Strickjacke und Top geschoben – da klingelte mein Handy. Ich hab's weggedrückt und weitergemacht. Da klingelte es wieder. Ich hab geguckt. Es war Mustafa. Hoffentlich war nichts passiert.

»Entschuldige, Süße, es ist eins von meinen Kindern. Vielleicht ist da was passiert ...« »Du hast Kinder?« Ich musste lachen. »Nee, Schüler, ich arbeite doch als Lehrer ...« Das hat sie noch mehr angetörnt, hatte ich den Eindruck, aber ich bin trotzdem erst mal rangegangen, also ans Telefon, natürlich: »Hey, du Spacken, wieso rufst du mitten in der Nacht an?« Stille am anderen Ende. Dann nur ein Atmen, wie man es hört, wenn die Leute ihrem Baby das Telefon hinhalten. »Hallo? Mustafa?« »Wirhamwasgetrunkn. Wir sind hier auf Schdiefs Party ...halloooo.« »Ihr seid ja betrunken! Wer ist bei dir?« »Bei mir? Nihihihiemahahand! Nur Aliiiiiii.« »Wo ist diese Party?« »Bei Schdief.«

Jetzt rauschte es irgendwie und anscheinend wurde das Handy weitergereicht: »Duhu, Herr Möller, wir könn'n so nich nach Ha-hahause ...« Das war Ali. »Du musswasmachn! Büddeh!« O Mann. Da hatte ich diese entzückende, willige Lady auf meinem Sofa und dann so was! Aber ich musste ihnen doch helfen. Schließlich erinnerte ich mich an meine eigene Jugend und ich hatte auch ein bisschen Angst, dass sie auf irgendeiner Parkbank einschliefen, und so richtig warm war das nicht draußen.

Lydia war offensichtlich extrem warm und sie hatte inzwischen ihr Strickjäckchen ausgezogen und das Top darunter war sehr knapp … »Irgendwas Dringendes?« Sie guckte mich an wie Bambi. »Ich komme!«, rief ich ins Telefon und musste ein »Fuck!« unterdrücken. »Leider muss ich meinen Jungs helfen. Sie sind noch minderjährig und total betrunken, vielleicht haben sie auch was geraucht, ich muss die jetzt holen.« »Boah, du bist vielleicht ein toller Lehrer!« Kurz war sie beeindruckt, dann fiel ihr ein, was das für sie selbst bedeutete. »Und ich?« »Wir holen das ein anderes Mal nach …« »Na toll. Mal sehen.« »Sorry, tut mir echt leid …« Auf der Rückfahrt haben wir nicht gesungen.

The lost Partypeople

»Es ist euch klar, dass ihr das irgendwie wiedergutmachen müsst? Ich hatte die schärfste Braut seit was weiß ich am Start!« »Wasmeinsdudamitherrmöller?« »Isch glaub, Ali is schlecht!« »Bevor ihr kotzen müsst, sagt bitte Bescheid!«

Ich hatte Mustafa und Ali nach einiger Zeit ganz hinten auf Steves Party auf einem Sofa in der Ecke entdeckt. Der Weg dorthin wurde mir schwer gemacht, weil ständig jemand ein Selfie mit mir machen wollte und angetrunkene Mädchen mir ihre – ach, eigentlich alles – entgegenstreckten.

Ich schleppte die beiden Kaputten zu meinem Auto und sagte ihnen, dass sie bei mir pennen konnten. »Aber dafür könnt ihr morgen mal ordentlich bei mir die Wohnung auf Vordermann bringen. Das Bad sieht übel aus und die Fenster müssen geputzt werden.« »Waaas? Mirisschlecht.«

Dreimal musste ich rechts ranfahren, aber, Glück gehabt, es war immer gerade noch rechtzeitig. Ich hab dann den Eltern 'ne SMS geschickt, dass die beiden bei mir pennen und sie sich keine Sorgen machen müssen. Lydia war natürlich sauer auf mich gewesen, als ich sie nach Hause gebracht hatte. Shit happens, dafür hatte ich am nächsten Tag wieder eine mega ordentliche Wohnung. Hat auch was!

Der Rap Battle

Mein Auto stank allerdings noch heftig nach Alkohol, als ich Montag in die Schule fuhr. Als ich ankam waren die Kinder gerade voll am Streiten, wer der heftigste Rapper ist. »Ey, Farid Bang ist Beste!« Shannon schrie so laut, dass ich mir die Ohren zuhalten musste. »Leute!«, versuchte ich mich durchzusetzen.

»Eko Fresh ist am allerheftigsten, du Opfer!« Kathleen, die eigentlich immer ganz brav war, war fast so laut wie Shannon. »Ey Chicks, ihr habt voll keine Ahnung! Kay One ist der obercoolste und heftigste Rapper der Welt!«, erklärte Ali überzeugend. »O Mann, du Otto, der kann das gar nicht! Capo ist Beste!« Ahmad war schon ganz rot vor lauter Eifer. Dass das die Kinder so mitnahm! Wie krass! Ich hatte eine Idee: »Wie wär's denn, wenn ihr selbst rappt? Und einen richtigen Rap Battle macht? So richtig krass wie die Rapper, die ihr selbst so cool findet …« Natürlich waren sie total heiß darauf und haben angefangen, teilweise die Texte runterzuladen, um sich für ihre eigenen Texte daran zu orientieren. Klar war für mich, dass sie keine krassen Sachen rappen, die in irgendeiner Form mit der Mutter von irgendwem zu tun haben.

Trotzdem hat Saida getextet: »Isch sitz' auf dem Fischkudda, und unten sitzt deine Mudda, sie ist krass frisch und erntet Fisch!« »Ganz geil, Saida«, hab ich gesagt, »aber erntet man wirklich Fisch?«

»Nee, den angelt man doch!«, wusste Serpil und rappte dagegen an: »Ihr seid doch alles Freaks, weil ihr gar nichts könnt und so, und ich bin die coolste Bitch hier im Quartal!« »Das reimt sich voll nicht!« und »Das ist so krass schlescht, Serpil, du kannst das voll nicht!«, »Das heißt nicht Quartal, das heißt anders!«, riefen die Kids durcheinander. Ich war froh, dass sie so harmloses Zeug rappten. Aber jetzt waren die Jungs an der Reihe: »Yo, yo, Mann, was geht ab? Ich nehme Gras und Hasch und wenn ich dann mal nasch an deiner Matratze, kriegst du voll 'ne Glatze!«

Total süß, oder? Wie komplett unschuldig! Da sollen die Gangsta-Rapper sich mal eine Scheibe von abschneiden! Ich musste natürlich cool bleiben und hab nur gesagt: »Ey, ihr seid echt mega! Voll stabil! Aber könnt ihr auch mal was Längeres rappen?«

Mustafa: »Yo, ich bin hier der Coolste, weil die anderen sind die brutalsten, und ich kiffe ohne Ende, Leute nehmt sie hoch, die Hände, alle wollen meine Braut, aber ich weiß, dass sich keiner traut, sie anzumachen, hört ihr sie lachen, ich nehm gerne Drogen und stehe um Fässer, die sind nicht besser …«

Da war aber ein Riesentumult! Die Kinder freuten sich heftig über Mustafas Reime und wir haben die ganze Stunde weitergemacht. Und das wird nicht das letzte Mal gewesen sein.

Die Streberin

Klar konnten wir nicht jede Stunde rappen, ich musste mich jetzt auch mal ein bisschen mehr anstrengen. Mein Stand bei den Kollegen war echt nicht so optimal. Chris hat mir auch erzählt, dass sie keinen Bock hat, dass ich gefeuert werde. Irgendwie süß.

Ich wollte ja hauptsächlich Spaß bei der Arbeit haben und den Kids hat das ja auch gefallen. Aber klar, die Eltern haben sich aufgeregt, dass ihre Kinder nicht genug lernen und so weiter. Dabei habe ich ihnen die wirklich krass wichtigen Dinge beigebracht und niemandem Schaden zugefügt! Bei mir haben die Schüler eben gelernt, dass man auch mal ein bisschen entspannter sein kann und trotzdem seine Ziele erreicht, und ich habe den Kids so Sachen beigebracht wie, dass man ein bisschen schlau sein muss.

Etwa zwei Handys mitnehmen, wenn man bei der Klassenarbeit kein Handy dabeihaben darf, gibt man eben nur eins ab und kann dann immer noch mit dem anderen schön googeln. Oder man hat sich sowieso die ganzen Lösungen abfotografiert und guckt dann auf den Fotos auf dem Handy. Das ist wirklich etwas, womit man was anfangen kann! Und klar brauchst du dir kein zweites Handy zu kaufen, du leihst es dir.

Es gab aber auch echt heftig hartnäckige Eltern, die ein Problem mit mir hatten. Und die wollten, dass ihre Kinder mehr lernen und besser in der Schule sind. Und das hat zum Teil extrem fies auf die Kinder abgefärbt. Saida zum Beispiel, die wollte immer mega lernen. Sie hatte immer ihre Hausaufgaben und manchmal sogar freiwillig noch mehr gemacht.

Und ich hab ja manchmal auch etwas früher aufgehört mit dem Unterricht, so zehn, fünfzehn Minuten, wenn wir ein Kapitel abgeschlossen hatten und es sich nicht lohnte, noch was Neues anzufangen. Aber Saida blieb immer sitzen, wenn ich gesagt hab: »So, Schluss für heute!« Sie sagte dann: »Aber wir haben doch noch Zeit! Wir haben noch fast fünfzehn Minuten, das ist ein Sechstel unserer Unterrichtsstunde!« Die meisten anderen hatten keine Ahnung, wie sie darauf gekommen war, aber sie waren eher ehrfürchtig. »Außerdem wundert sich meine Mutter, wenn ich so früh nach Hause komme!«

Ich dachte nur: »Dann lass dir Zeit, rauch noch gemütlich einen auf dem Weg!« Aber das konnte ich natürlich nicht laut sagen. »O.k., dann fangt schon mal mit den Hausaufgaben an!«, sagte ich dann seufzend. Und es wunderte mich voll nicht, dass sie dann ankam: »Nur aus Ihrer Stunde, oder können wir auch Hausaufgaben aus den anderen Stunden machen? Und eigentlich sind das ja HAUSaufgaben, dürfen wir die überhaupt hier machen?« Ich hab nur gesagt: »Das ist doch ein Haus, in dem wir hier sitzen, oder?« Meine Güte, war die drauf. Das war doch kein normales Kind …

Unterwegs mit dem Chef

Und als hätte ich nicht genug Stress mit meinem normalen Unterricht, sollte ich dann noch in meiner Freizeit mit den Kindern was unternehmen.

Ich hab keine Ahnung, was das sollte. Warum ich? Und dann noch mit Herrn Bock zusammen! Herr Bock und ich und meine Klasse in die Kunsthalle. Alter, wie uncool! Wenn der dabei ist, kann ich ja nicht mal kiffen! Ich glaube, bekifft kann es nämlich ganz okay sein, sich irgendwelche Bilder reinzuziehen. Aber ansonsten: Langweilig!

Herr Bock ist Kunstlehrer. Dem gefällt das vielleicht. Aber wieso muss ich da mit? Er hatte mich gefragt, ob ich schon mal da war. Hab ich gesagt, nö, wieso? Sagt er: »Ach, dann kommen Sie doch mit! Eigentlich wollte ich alleine mit Ihrer Klasse gehen, aber Ihnen wird das auch viel Freude machen!« Freude am Arsch. Aber gut, geh ich eben mit. Da gibt's ja bestimmt auch ein Café oder so. Nur, wenn mein Chef mitgeht, ist nichts mit so lange da sitzen, bis die alle fertig sind. Bilder angucken, die irgendwelche uralten Typen gemalt haben, das ist doch krank! Echt null Bock. Haha. Bock.

Wir also da hin. Mein Chef hat anscheinend extra gesagt, wir gehen um acht dahin, weil, als ich an der Schule ankam um halb neun, kam er auch gerade. »So sind wir wenigstens pünktlich, die Kunsthalle macht ja erst um neun auf!« Voll verarscht hat er mich. Und selbst als Nurgül und Mustafa erst um zehn vor neun kamen, hat das nichts ausgemacht. Wir dann mit der S-Bahn zur Kunsthalle.

Natürlich wollten die Mädchen unterwegs erst mal zu dm. Fand ich gut, ich brauchte auch noch Duschgel, aber Herr Bock hat uns nicht mal dafür die Gelegenheit gegeben! Ich meine, wie krass ist das, Alter! Macht die Kunsthalle um zehn wieder zu oder was? O.k., wir dann da rein alle und die Kids haben natürlich weiter auf ihren Handys Clash of Clans und so gespielt, finde ich voll okay, schließlich muss man mega aufpassen, dass man da alles mitkriegt, sonst ist man heftig schnell am Arsch.

Aber Herr Bock gleich so: »Alle Handys weg, sonst gibt's einen Eintrag ins Klassenbuch!« Mega uncool, der

Mann! Selbst ich sollte »als gutes Beispiel vorangehen« und durfte nicht mehr YouTube und Instagram checken. Wie laaaangweilig! Dann kam so 'ne Tante und wollte uns was zu jedem einzelnen Bild erzählen. Serpil so voll laut: »Ich hab aber 'ne Kunst-Allergie!« Wusste gar nicht, dass das Mädchen auch witzig sein kann.

Shannon gleich hinterher: »Hä, echt? Gibt's das? Herr Möller, Serpil kann da nisch reingehen, sonst geht der das voll schlescht!« Und Ahmad direkt: » Da kriegen Sie ein Sorgerechtsproblem, weil sie kann einen Schock kriegen!« »Isch weiß gar nischt, ob isch das auch hab …« und so weiter. Herr Bock hat alle zur Vernunft gerufen, während ich mich kaputtgelacht hab. Alle voll die Ottos.

Is das Kunst, Digger?

»Der hat das Auge da kaputt!« »Wer?« »Der Asi auf dem Bild, du Lauch!« »Das is doch kein Mensch, nicht mal ein Asi, das is nur irgendwas mit Farbe!«

Ich musste den Kids echt recht geben. Es war ein großes Durcheinander auf dem Bild zu sehen, vor dem sie standen, und ich hatte keine Ahnung, was das Bild mit Kunst zu tun haben sollte.

»Das ist Kunst, meine Lieben. Ein wunderbares Bild von Joan Miró.« Herr Bock schien krass Spaß an diesem Dings zu haben, an diesem Gemälde; ich meine,

bekifft hätte mir das vielleicht auch gefallen, aber so
…? Rauchte Herr Bock etwa? Ich musste ihn das unbedingt mal fragen. »Aber wieso ist das Kunst? Der Typ
kann doch nicht malen!«

»Das kann meine kleine Schwester ja voll besser!«
»Isch häng hier auch mal ein Bild hin …«, so redeten
die Kinder durcheinander. Und ich verstehe es, echt.
Mir gibt das auch nur ganz wenig. Herr Bock dann so:
»Das ist Surrealismus. Das heißt: Wer von euch kann es
mal googeln?«

»Isch kann googeln! Isch hab neues Guthaben auf
mein Handy. Was soll isch googeln? Wie heißt das?«,
fragte Nurgül und Herr Bock wiederholte es. »Gips
nisch bei Wikipedia, sorry, Leute!«, ließ uns das Mädchen wissen. »Was? Gips alles da! Zeig mal!«, sagte
ihre Freundin Shannon. Sie überzeugte sich. »Ach,
schreibt man voll anders, Süralsmus, du Opfer!« »Surrealismus, Kinder!«, erklärte ich und hab's noch mal
sehr deutlich ausgesprochen, wenn ich mir auch nicht
ganz sicher war, wie man das schreibt. Shannon war
genervt. »Gips wirklich nisch, Herr Bock und Herr
Möller! Da!« Sie hielt mir das Handy hin. Ich wunderte
mich jetzt nicht so megamäßig, dass es für »Sühraaliss-
muß« keine Einträge gab.

Man muss das anders probieren: »Googelt mal
Miró.« »Wie spricht man das, Herr Möller?« »Wie
man's schreibt.« Boah, war das anstrengend!

Feuer!

Nach dem krassen Ausflug brauchte ich natürlich etwas Ablenkung. Alter, war das 'ne heftige Party gestern! Mit KS und Krappi abgehangen, gefilmt, was geraucht und richtig Party gemacht! Ich war so im Säckchen heute Morgen. Natürlich kam ich deshalb etwas spät in die Schule – um genau zu sein erst zur dritten Stunde (was ich noch verdammt früh fand).

Ich komme in meine Klasse und die Kinder gucken mich an, voll so, als warten sie auf irgendwas. Ich nur so: »O.k., wollt ihr mit euren Handys spielen, oder gucken wir einen Film?« Ich hatte echt keinen Bock auf irgendeine Action, richtig Unterricht oder so'n Scheiß. Und dann erinnerten mich die Kinder daran, dass wir heute eine Mathearbeit schreiben sollten, weil sie noch mehr Noten brauchten.

Wie krass, dass Kinder dich erinnern, 'ne Arbeit zu schreiben! Aber klar, da fiel's mir wieder ein, demnächst ist Notenkonferenz und ich hatte echt kaum noch irgendeine Note von irgendwem in Mathe. Und jetzt fing Serpil an, rumzuölen: »Ach Manno, ich hab voll viel gelernt und Sie haben das vergessen, oder was? Ich glaub, ich bin krass gut heute!« Und Ali fiel gleich mit ein: »Bringen wir es hinter uns, Mann, lieber heute als nächste Woche!« Ahmad so: »Das ist nicht dein Ernst, Herr Möller? Arbeit vergessen oder was? Ich hab' mir extra krass viele Spicker gemacht für heute, was das für 'ne Arbeit war!«

Ich hab versucht, sie zu beruhigen, und musste dann aber schnell handeln. Dann hatte ich zum Glück 'ne Idee: »O.k., wir schreiben die Arbeit, ich hab die ja fertig im Lehrerzimmer liegen, muss sie nur kurz kopieren und komme dann gleich wieder!« Natürlich bin ich nicht ins Lehrerzimmer gegangen, sondern hab auf dem Weg dahin die Scheibe vom Feuermelder eingedrückt und den roten Knopf gedrückt. Sofort ging die Sirene los und ich bin zurück in meine Klasse gerannt: »Feueralarm! Alle raus hier, schnell, wir sammeln uns unten im Pausenhof!« Aus allen Klassenräumen strömten aufgeregte Kinder mit ihren Lehrern, und manche haben mich gefragt: »Wo brennt's denn? Was ist los? Wissen Sie was, Herr Möller?« Ich immer nur so: »Ich hab gehofft, dass Sie mir das sagen können!« Bis alle Schüler unten und draußen waren, verging mega viel Zeit. Gott sei Dank. Heute würden wir keine Mathearbeit mehr schreiben.

Klar waren alle aufgeregt, aber nach einer Stunde circa war das gesamte Schulgebäude untersucht und es war klar, dass es sich um einen Fehlalarm gehandelt hat. Herr Bock war mega empört: »Wenn wir rauskriegen, wer das gewesen ist, wird derjenige richtig zur Rechenschaft gezogen! Das geht nicht! Wer auch immer das war, er oder sie kriegt richtig Ärger!«

»Klar, das finde ich auch! Damit macht man keine Späße!«, hab ich zu ihm gesagt. Schließlich habe ich das als Schüler auch schon ein paar Mal gemacht. Also, den Feuermeldeknopf gedrückt. Wenn ich mal wieder nicht gelernt hatte und wir eine Arbeit schreiben sollten. So wie jetzt also, nur umgekehrt. Und niemals konnte mir jemand etwas nachweisen! So wie dieses Mal, hoffe ich.

Die Projektwoche

Ich hatte so keinen Bock auf eine Projektwoche, aber ich konnte ja nicht eine Woche lang jeden Tag Feueralarm auslösen! Leute, ihr glaubt nicht, wie lame das ist, in einer Projektwoche musst du dir krass viel ausdenken und gemeinsam mit den Kindern was erarbeiten. Und das heißt nicht umsonst so, das ist richtig Arbeit!

Wenn ich meine Unterrichtsunterlagen kriege, weiß ich wenigstens, was verlangt wird, und kann aus dem Internet irgendwelche Aufgaben kopieren oder Kollegen fragen. Aber eine Projektwoche, in der noch ü-ber-haupt NICHTS feststeht, in der man sogar ein gemeinsames THEMA suchen muss – superlauch! Und dann zusammen daran irgendwie arbeiten. Voll keinen Bock hatte ich darauf.

Aber klar, die Kollegen wollen vorher wissen, was man so vorhat, damit sie sich dementsprechend »abstimmen« können. Eine Klasse hatte das Projekt »Lieblingsbuch«, da sollten die Kinder in der Woche so eine Art Schaukasten zu ihrem Lieblingsbuch gestalten und dann darüber erzählen. Chris' Klasse hatte das Projekt »Teich anlegen«, wollten sie auf dem Schulgelände, aber natürlich nur einen niedrigen Teich und mit 'nem Zaun drum herum. Schließlich will man nicht, dass ein betrunkener Schüler darin ertrinkt …

Gartenarbeit! Das wäre das Letzte, auf das ich Bock hätte! Andere sind ins Museum für Hamburgische Geschichte und wollten sich ernsthaft damit befassen, das war wahrscheinlich die Klasse von Britta Severin, wer sonst. Also, ich hab den Kollegen gesagt, wir gucken Dokumentarfilme und die Kinder halten dann Referate darüber. Klar hieß das sofort: »Oh, geschichtliche Filme, oder wie?« »Nee«, hab ich gesagt, »eher so Kunstfilme.« Und dann haben wir Superheldenfilme geguckt und dabei gefrühstückt.

Referate musste natürlich keiner halten. Nur was zum Frühstück mitbringen. Wir haben die Avengers geguckt und Spiderman und Hellboy und The Dark Knight Rises und so. Es war echt 'ne coole Projektwoche. Blöd war nur, dass die Kids das nicht für sich behalten haben. Sie haben ihren Eltern davon erzählt, und die sind natürlich sofort zu Herrn Bock gerannt. Wie ätzend! Leute, wenn ihr vorhabt, Lehrer zu werden, verhaltet euch besser korrekt, denn die Kinder können schlecht schweigen. Man kann es ihnen nicht vorwerfen, sie verstehen nicht, welche Konsequenzen es für einen Lehrer haben kann, wenn sie Sachen erzählen, die der Lehrer gemacht hat, die die Erwachsenen uncool finden. Also, etwa jeden Tag Filme gucken in der Projektwoche. Ich hatte echt Stress mit Herrn Bock …

Besuch von der Schulbehörde

Nach der Projektwoche war erst mal Party-Wochenende angesagt. Freitagabend in den Club, Sonntagmorgen wieder raus, hat auch was! Und schön Girls abchecken. Denn natürlich finden die Girls das auch sehr cool, wenn man ein etwas »außergewöhnlicher« Lehrer ist und davon erzählt. Klar hab ich da bei den Girls auf dicke Hose gemacht und hab sie schon auch mal in den Unterricht eingeladen.

So wie das eine Mal, da hatte ich Jenny, Nadine und Kimberley auf einer Party im H1 kennengelernt. Drei Freundinnen, supersüß und witzig. Die kamen aus Uhlenhorst extra nach Eilbek in den Club. Ich dachte, die finden mich vielleicht irgendwie ein bisschen asi und stehen mehr auf so uncoole Barbour-Jacken-Typen mit Pullunder und Hemd und so. Aber wir hatten echt Spaß an dem Abend.

Irgendwann meinte Nadine, was ich denn so beruflich mache. Ich hab denen angesehen, dass sie mir das nicht so richtig geglaubt haben. »Echt? Lehrer? Hahaha, für was denn?«, hat mich Jenny gefragt, und ich hab sie gleich korrigiert: »Wofür denn heißt das. Kommt mich doch mal besuchen. Morgen bin ich von acht Uhr zwanzig bis zwölf da …« Die drei dann gleich losgegackert. »Klar, machen wir, witzig, ein Lehrer.« »Ein Ghetto-Lehrer!« »Aufregend, echt, krass, du wirkst so locker …« Wieso die an einem ganz normalen Wochentag Zeit haben, tagsüber, hab ich nicht gefragt. Eigentlich ist das doch ein bisschen asi … Nee, nur Spaß.

Mir war klar, dass die Mädels nach einem langen Partyabend nicht gleich um acht Uhr zwanzig da sein würden, also hab ich meiner Klasse gesagt, dass wir wahrscheinlich Besuch von der Schulbehörde bekommen würden und dass sie sich gut benehmen sollten, weil ich klären wollte, dass unsere Schule mehr Geld von der Schulbehörde bekommt. Wir hatten gerade ein paar YouTube-Clips auf dem Smartboard laufen, als mein Handy klingelte. Nadine war dran, ich sollte die drei abholen. »O.k., macht euch Notizen zu den Clips, ich hole kurz die Damen von der Schulbehörde ab. Und denkt dran, schön brav sein und mitmachen, ihr Spacken!« Ich hab das natürlich mit einem Augenzwinkern gesagt, vor allem das letzte Wort … Es war mir einfach sicherer, die Kids anzulügen, die verquatschen sich so leicht und dann krieg ich Probleme.

Als ich dann mit Kimberley, Nadine und Jenny zurückkam, kam ich in eine total stille Klasse. Die Kinder haben gerade alle in ihre Hefte geschrieben, kein Handy war zu sehen. Krass! Ich bekam fast schon feuchte Augen. Obwohl jetzt helllichter Tag war, sahen die Mädchen echt immer noch total gut aus. Alle drei hatten dunkelblonde, lange, glatte Haare, waren super gut geschminkt und trugen ganz enge Jeans und weiße Blusen mit unterschiedlichen kurzen Jacketts drüber. Irgendwie sahen sie eher aus wie eine Girlgroup als wie von der Schulbehörde.

»Das sind Nadine, Kimberley und Jenny von der Schulbehörde.« Habe ich sie vorgestellt. »Und mit Nachnamen?«, fragte Saida misstrauisch. Davon hatte ich natürlich keinen Plan. »Großmann«, ist es einfach so aus mir rausgeplatzt, bis mir klar wurde, was daran nicht stimmen konnte. »Alle?«, fragte Nurgül und guckte Mustafa an, als wollte sie sich bei ihm ihre Zweifel bestätigen lassen. »Es sind die Schulbehördenschwestern«, sagte ich so ernst ich konnte. Unnormal heftiger Bandname, dachte ich, und auch die Girls mussten sich total zusammenreißen, um nicht laut los zu prusten.

Wir haben dann fast ganz normalen Unterricht gemacht. Erst haben wir über die heftigsten YouTuber gesprochen, also hauptsächlich über mich, nein nur Spaß, und die Kinder haben vorgelesen, was sie dazu aufgeschrieben habe, dann hatten wir Mathe. Auf dem Lehrplan stand etwas, das ich überhaupt nicht geblickt habe. Und die Übungen dazu im Mathebuch auch nicht. Also hab ich Ali an die Tafel geholt.

»Schlagt mal alle das Mathebuch auf Seite 258 auf. Und dann rechnen wir die Aufgabe Nummer eins. Ali, mach das mal und erklär, was du tust!« »Gebrochen-rationale Funktionen« stand da. O Mann. Wirklich wichtig fürs Leben! Ali hatte Spaß und hat das wohl richtig gut gemacht, ich stand nur daneben und hab immer wieder »Mhm« gesagt und »Sehr gut, Ali!«. Am Schluss hab ich seine Lösung mit meiner Lösungsskizze verglichen und – Bäm! Er hatte natürlich recht. Und die Girls waren richtig geflasht von meinem coolen Unterricht. Die

Nummern hab ich von allen drei … Jetzt muss ich die nur nacheinander abarbeiten … Oder?

Ausnahmezustand

Inzwischen hatte ich krass viele Abonnenten und Follower bei YouTube und Instagram. Erst waren es nur die Kinder aus meiner Klasse, dann deren Freunde, Kinder aus anderen Klassen und deren Freunde und ich lernte andere YouTuber kennen, wir haben uns gegenseitig gefeatured und ich habe eben mega coole Videos gedreht, die alle heftig fanden.

Aber ich bin natürlich trotzdem weiterhin in die Schule gegangen, meine Kids haben mich jedes Mal gefeiert und ich habe mit ihnen zusammen lustige Videos gedreht. Irgendwann kam ApoRed auf mich zu und fragte, ob ich mit ihm ein Video drehe, an meiner Schule. Er fand die Location geil und konnte sich auch vorstellen, ein paar der Kinder mitzufilmen. Klar war ich dabei, korrekte Aktion! Wir haben also alles vorbereitet, mit Kameramann und Tonmann und allem, was dazugehört, Krappi und KS waren natürlich auch mit von der Partie. Stabil professionell, die ganze Aktion, richtig korrekt!

Irgendwie musste sich das rumgesprochen haben, schon im Vorfeld, weil, als wir da gechillt an der Schule ankamen mit den ganzen Jungs, liefen uns schon ein paar Kinder entgegen und filmten uns mit ihren Handys. Sie hatten wohl auch ihren Freunden Bescheid gesagt, dass bei uns eine nice Sache lief, und es kamen Kinder aus allen Klassen zu uns. Und von anderen Schulen strömten sie auch, Kinder und Jugendliche, alle fröhlich grölend, es war unnormal geil! So heftig, man kann sich das nicht vorstellen! Alle wollten Selfies mit uns machen, sie filmten und sangen und waren völlig geflasht, so, als wären Chris Brown und Drake zusammen auf unserem Schulhof gelandet.

Die Fenster der Klassenzimmer gingen auf, alle jubelten, und ein paar Lehrer schrien sich die Lunge aus dem Hals, weil sie ihre Schüler zurück in den Unterricht rufen wollten. Ich hatte mega Gänsehaut und hab ununterbrochen Selfies mit den hübschesten Mädchen gemacht, es war übertrieben heftig, Bruder, das kannst du dir nicht vorstellen! Wir kamen uns krass vor wie Megastars. Und wir haben alles aufgenommen und ein krass geiles Video daraus gemacht! Da ist es auch egal, dass Herr Bock das Ganze mal wieder richtig, richtig asi fand …

Oben, unten

O.k., Leute, war vielleicht nicht meine allerbeste Idee, aber es hat auf jeden Fall sehr viel Spaß gemacht! Aber von vorne.

Mein bester Kumpel Hendrix hat mich von der Schule abgeholt und wir haben auf dem Pausenhof ein bisschen gekickt. Dann kamen noch Ahmad und Mario dazu und es hat richtig Spaß gemacht. Irgendwann haben wir dann versucht, den Ball so weit und so hoch wie möglich zu kriegen. Das hat voll Bock gebracht! »Hey, Hendrix, pass auf, dass der Ball nicht im Baum landet!«, hab ich noch gerufen. Er hat gelacht und gerufen: »Ein Ball bleibt nicht in einem Baum hängen, der kommt immer wieder runter!« Tja, damit hatte er recht. Anderswo allerdings blieb der Ball. Ein extrem kräftiger Schuss von mir und das Leder war weg. Ganz oben auf dem Dach. Auf dem Dach von der Schule, um genau zu sein.

»Mist, was machen wir jetzt, Herr Möller?«, fragte Ahmad ganz ratlos. »Oh-oh«, machte auch der kleine Mario. »Wir machen es wie beim Golfen!«, sagte ich und sprintete in die Schule. Die anderen hinterher.

Ganz nach oben liefen wir und dann, tataa, zückte ich den Schlüssel zur Tür aufs Dach. »Krass, Herr Möller! Da dürfen wir aber nicht hoch …«, meinte Mario. Und Ahmad wollte wissen: »Was meinen Sie mit »wir machen es wie beim Golfen«?« »Na ja«, sagte ich und grinste in die Runde, »wir spielen da weiter, wo der Ball gelandet ist!«

Schnell hatten wir ihn gefunden und, natürlich hat die Schule ein flaches Dach, ihr Honks, wir kickten eben auf dem Dach weiter. Geiler Ausblick, echt krass, und unnormal heftiger Thrill, wenn man manchmal der Dachkante extrem nah kam. Wir haben zwei gegen zwei gespielt, Ahmad und ich gegen Hendrix und Ma-

rio und klar waren Ahmad und ich sehr schnell in Füh-
rung. Und dass, obwohl Mario einmal so einem Ball
hinterhergehechtet ist, dass er echt fast runtergeflogen
wäre. Zum Glück hat Hendrix ihn noch an seiner Kapuze packen können!

Es war krass heftiger Scheiß, den wir da gemacht
haben, und ich hätte echt ewig weiterspielen können,
wenn nicht plötzlich ausgerechnet Herr Bock in der Tür
zum Dach gestanden hätte. Warum macht der Schulleiter ständig Überstunden? Und warum kümmert der
sich nicht um seinen eigenen Scheiß? »Herr Möller!
Kommen Sie sofort da runter! Sie alle, sofort!« »Geht
klar, wir haben eh gewonnen, yeah, Ahmad!«, sagte
ich und habe ihn abgeklatscht. »Kommen Sie sofort in
mein Büro. Und Ahmad und Mario, eure Eltern werden
von mir hören.«

»Scheiße Leute, tut mir leid, ich guck mal, was ich
für euch machen kann!«, hab ich den beiden noch zu-
geflüstert. Schließlich bin ich der Coolste, ich krieg das
schon irgendwie hin, hab ich gedacht. Also, dass Herr
Bock vielleicht auf mich sauer ist, von mir aus, aber die
Kinder in Ruhe lässt.

Gleich darauf, im Büro bei Herrn Bock, war er echt
richtig geladen. Er sagte: »Herr Möller, Sie haben sich
ja schon einiges an unserer Schule geleistet, aber das
war zu viel! Sie haben nicht nur sich, sondern auch die
Kinder gefährdet! Wenn Sie sich den Hals brechen, sind
Sie selbst schuld, aber wenn einem der Kinder etwas
passiert, kann das das Ende dieser Schule bedeuten!«

So in der Art hat er weitergelabert, als hätte ich die Kinder der Mafia ausgeliefert oder so.

Meine Güte, das war jetzt vielleicht nicht mega schlau, aber auch witzig und: »Außerdem waren zwei Erwachsene dabei! Wir haben doch auf die Kinder aufgepasst!« »Ich würde Sie nicht als Erwachsenen in dem Sinne sehen. Sie sind bis auf Weiteres beurlaubt.« Krass, dachte ich. Ich meine, mir hat es mit den Kindern doch wirklich viel Spaß gemacht! Ach ja, die Kinder: »Bitte, Herr Bock, lassen Sie Ahmad und Mario aus dem Spiel. Ich hab Mist gebaut, aber die Kinder, die dachten doch nur, wie cool es ist, wenn ich mit ihnen kicke.«

»Ich werde mit den Eltern sprechen. Davon können Sie mich nicht abhalten!« »Ja, von mir aus, aber sagen Sie denen, dass Sie mich rausgeschmissen haben. Und dass ich Ahmad und Mario bequatscht habe mitzuspielen.« »Das mache ich auf jeden Fall! Herr Möller, nicht, dass wir uns missverstehen: Ihre Beurlaubung wird in die Aufhebung Ihres Arbeitsvertrags übergehen. Sie haben sich zu viel geleistet: Mehrfaches Drehen ohne Drehgenehmigung, dann dieser Hokuspokus mit diesen anderen YouTube-Affen letztens, zu spätes Erscheinen im Unterricht, Falschaussagen, unangemeldete Gäste im Unterricht, Konsum von Rauschmitteln an der Schule und dass Sie das waren mit dem Feueralarm, wissen wir inzwischen auch!«

Abschied ist ein schweres Schaf

Nach dem »Gespräch« bei Herrn Bock bin ich am nächsten Tag noch mal in meine Klasse. Es waren alle da. Ahmad und Mario hatten anscheinend schon erzählt, dass es Stress mit dem Schulleiter gab. Es fiel mir voll nicht leicht, was zu sagen: »Tja, Leute, ich hab Mist gebaut und ich glaub, ich kann das nicht wieder hinbiegen. Ich muss mich von euch verabschieden!«

»Hä? Wie meinst du das, Herr Möller?«, fragte Deborah. Ich glaube, so leise hab ich die Kids noch nie erlebt. »Ich bin beurlaubt. Hat eigentlich auch was. Aber erst einmal wird Frau Severin euch übernehmen. Wie's dann weitergeht, wird sie euch sagen.« »O nöö!« »Krasse Scheiße!« »Was geht ab, ich glaub's nicht!« »Alter, wie heftig!«, riefen die Kinder durcheinander.

»Isch kette misch an!« Serpil klang entschlossen. »Woran denn, Serpil?«, fragte ich. »Weißischnischt, aber das macht man doch so?« Sie hatte Tränen in den Augen. Nurgül rief: »An Sie kette ich mich an, Herr Möller!«, und siehe da, Mustafa stimmte ihr zu: »Ich mich auch!« »Und ich!«, war Mario dabei. »Ich besorge eine Kette!«, rief Kerim. »Iiih, ich will mich nicht mit so vielen Jungs anketten!«, hatte Nurgül es sich wieder anders überlegt.

»Hört sich erst mal echt cool an, das mit dem Anketten, aber hey, wir bleiben eh in Kontakt! Vielleicht drehen wir ja noch ein paar Videos zusammen …«

»Normal! Aber trotzdem wollen wir Sie auch als Lehrer behalten!« »Hört zu, Leute, ich glaub echt, der Zug ist abgefahren. Aber immerhin bin ich für euch jetzt nicht mehr Herr Möller, sondern MefYou!«

»Sind Sie jetzt erst mal richtig weg?«, fragte Mustafa, auch er hatte Tränen in den Augen. »Ich muss morgen noch mal kurz zum Bock und irgendwas unterschreiben und so. Aber dann bin ich weg, ja.« Und dann hab ich meine Sachen genommen und bin raus. Schlucken musste ich, das war echt heftig.

Puh ...

Der Weg zur Schule fiel mir echt heftig schwer. Ich war wahrscheinlich zum ersten Mal pünktlich. Ich wollte das schnell hinter mich bringen.

Als ich auf dem Lehrerparkplatz ankam, hörte ich schon laute Musik. Ich ging zum Schulgebäude und da hingen Transparente aus den Fenstern: »Herr Möller mus bleiben!« und »Kein Bock one Herr Möller!«, stand darauf. Irgendjemand hatte sogar »Herr Müller for Bundeskantzler!« an die Schulwand gesprüht. Rechtschreibung war echt nicht so ihr Ding ... Farid Bang dröhnte aus den Lautsprechern der Anlage, die wohl Schüler aus den oberen Klassen organisiert hatten. Obwohl es ein voll normaler Schultag war, schien keiner in seiner Klasse zu sein. Alle Schüler hatten sich gemeinsam auf dem Schulhof versammelt, um gegen meinen Rausschmiss zu demonstrieren! Wie heftig war das denn! Sie kamen auf mich zu gerannt, klatschten und jubelten, hängten sich an mich und riefen: »Mef-You bleibt!«

Jetzt ging die Musik aus und ein paar meiner Schüler betraten den kleinen Platz, auf dem ein Mikro an eine große Lautsprecherbox angeschlossen war. Ein Playback setzte ein und Mustafa schrie in die Menge: » Was geht ab, Leute?« Alle grölten und er begann, na ja, zu rappen wäre vielleicht zu viel gesagt, aber er bemühte sich ernsthaft: »Seit er hier ist, hört ihr das, macht die Schule mega Spaß! Er is gechillt und wie ein Bruder, heftig cool wie deine Mudda, wir wollen ihn echt krass behalten, gehen sollen doch die Alten! Yo, Digger, check das bidde aus! Wenn er nicht bleibt, geh'n wir auch!«

In dem ganzen Durcheinander versuchten vereinzelt Lehrer, die Kids in den Unterricht zu bekommen. Einige hatten schon aufgegeben und sahen sich den Auflauf von Weitem an. Britta Severin kam zu mir: »Tut mir echt leid, ich abonniere deinen Kanal!«, sagte sie und umarmte mich schnell. Da kam Chris. »Mann, du Chaot! Das haste ja echt super hingekriegt!«, sagte sie und nahm mich in den Arm. »Ich hab auch mit Bock gesprochen. No Way. Mist.« Sie schien ehrlich traurig zu sein und die Vorstellung, sie jetzt nicht mehr so regelmäßig zu sehen, fühlte sich auch für mich irgendwie strange an.

Manchmal hört man so was von »überwältigende

Gefühle« und so'n Quatsch, aber ich glaube echt, das war für mich so. Die ganzen Kids, manche Lehrer – das war echt heftiger Shit. Irgendjemand drückte mir das Mikro in die Hand, es gab 'ne Riesen-Rückkopplung und dann hab ich versucht, mich zu konzentrieren, und hab so amifilm-finale-mäßig gesagt: »Hey, Leute, was geht ab? Es war echt 'ne coole Zeit hier mit euch, und lasst euch gesagt sein: Ihr könnt alles schaffen, ihr müsst nur dafür kämpfen! Ach ja, und abonniert meinen Kanal und lasst mir einen Daumen hoch da!« Und dann bin ich wieder zu meinem Auto und alle Kids hinterher, Selfies gemacht und abgeklatscht und alles und dann bin ich erst mal nach Hause.

Tja, das war's dann wohl vorerst mit meiner Zeit an der Schule. Aber bevor ich wirklich gehen konnte, musste ich noch eine Sache erledigen: Ich bin zum Imbiss von Nurgüls Eltern und hab einen Brief für Nurgül vorbeigebracht. Hab ich mit links geschrieben, damit er authentisch aussieht. Ich hab denen klargemacht, dass der Brief echt nur für Nurgül ist und wenn sie ihn aufmachen: Ich hab die Nummer vom Gesundheitsamt auf der Kurzwahltaste 1 auf meinem Handy.

Und dann hab ich Mustafa angerufen und auf einen Döner zu diesem Imbiss eingeladen. Bin aber selbst nicht hingegangen. Aber Nurgül. Weil, in dem Brief stand: »Nurgül, isch liebe disch! Isch komme heute Abend in deinen Dönerladen. Essen wir zusammen einen?«

Später hab ich mich mit Chris verabredet und ihr von meinem Plan erzählt mit Mustafa und Nurgül und sie fand ihn toll. Wir sind zusammen zum Dönerladen und haben heimlich geguckt: Da saßen Nurgül und Mustafa bei Döner und Cola und haben sich angelächelt und, ich glaube, sogar Händchen gehalten. Voll süß!

Chris hatte irgendwie so einen verträumten Blick, wie wir die beiden da gesehen haben, da musste ich sie einfach fragen: »Gehst du mit mir auch mal essen? Ich meine, so richtig.« Sie hat mich angestrahlt und gesagt: »Döner mit alles? Klar, gern!«

Nachwort

Schule kann nervig und anstrengend sein und als Schüler kann man sich tausend andere Dinge vorstellen, die man lieber machen würde, als zu pauken, aber das gehört zum Leben nun einmal dazu. Und ich kann rückblickend sagen, dass ich die Zeit an der Schule echt genossen habe, sowohl als Schüler als auch als Lehrer.

Genießt die Zeit mit euren Freunden und gebt euer Bestes! Klar gehört Scheiße bauen zur Schulzeit dazu, aber mega wichtig ist, aus seinen Fehlern zu lernen und nicht aufzugeben. Dann kann man in seinem Leben einiges erreichen.

Was ich eigentlich sagen will, ist: Wenn selbst ICH es geschafft hab, mein Abi zu machen und zu studieren – hey, dann kannst DU alles schaffen!

Danke fürs Lesen. MefYou

Jetzt unseren exklusiven YouTuber – Newsletter abonnieren und keine neuen Bücher verpassen!

MIT SPANNENDEN INFOS & GEWINN-SPIELEN

www.ullstein.de/youtuber